저자 약력

유생열 경인교육대학교 체육교육과 교수

이강순 경인교육대학교 체육교육과 교수

이인화 경인교육대학교 체육교육과 강사 역임 / 『짧은 영어 생각대로』 저자

엄혁주 김포 월곶초등학교 교사

박대화 파주 석곶초등학교 교사

Roger Lambert Ⅲ 중국 Hubei University of Science and Technology 교수

Andre Matthias Müller 영국 The University of Southampton 연구원

신체활동영어 English for Physical Activity

2017년 02월 27일 초판 인쇄
2017년 03월 03일 초판 발행

지 은 이 | 유생열・이강순・이인화・엄혁주・박대화・Roger Lambert Ⅲ・Andre Matthias Müller
펴 낸 곳 | 레인보우북스
주　　소 | 서울시 관악구 신림로 75 레인보우B/D
전　　화 | 02-2032-8800
팩　　스 | 02-871-0935
이 메 일 | min8728151@rainbowbook.co.kr

값 18,000원
ISBN 978-89-6206-384-4 93690

* 본서의 무단복제를 금하며, 잘못된 책은 구입한 곳에서 교환해 드립니다.

English for Physical Activity

머리말

국제화 시대가 성큼 다가왔다. 그동안 우리는 국제화 시대에 맞추어 각양각색의 영어실력 향상을 위해서 많은 돈을 쏟아 부었지만 투자한 시간과 자원 등 많은 노력에도 불구하고 아직도 의사소통에 자유롭지 못하다. 지금까지 많은 외국인 교사들이 한국 땅에서 이 나라의 후학들을 가르쳐 왔지만 그 output은 너무 초라한 실정이다.

필자는 이러한 투자에 비해 초라한 성과를 보며 어떻게 하면 우리가 적은 시간과 자원을 들여 자라나는 세대에게 효율적인 영어를 학습할 수 있게 할까를 생각해 왔다. 필자 나름의 많은 생각과 영어를 가르치는 교사들을 만나면서 또 초등교육 기관에서의 교육 경험을 통해서 학교에서 영어를 너무 심각하게 가르친 것은 아닌가하는 생각이 들었다. 말하자면 생활에서 그냥 자신도 모르게 스며드는 영어가 아니라 공부라는 틀에 가두어 영어를 학습하게 하는 것이다. 발달단계로 보면 아동은 에너지가 발에 있어 부단히 움직이고자 하는데 교실에서 외우게 하고 시험 보는 과정을 반복하여 시험은 잘 봐도 생활에서 써먹지 못하는 불구의 영어를 가르친 것은 아닌가 하는 생각에 이르렀다.

'그렇다. 영어는 생활하면서 행동하는 가운데 자연스럽게 익혀야 한다.'라는 생각에 이르자 그러면 체육관과 운동장에서도 영어를 가르칠 수 있지 않겠는가? 라는 생각이 들었다. 학문적인 영어가 아니라 각종 신체 활동을 통해서 아동이 생활 속에서 자연스럽게 익힐 수 있는 영어 말이다. 많은 생각 끝에 동료들에게 이 생각을 말해보았다. 그리고 부족하지만 초고로 이 책이 탄생하게 되었다.

원고 쓰는 초기에 혹시 이 분야에 선행한 서적이 있는가를 알아보았다. 거의 전무한 실정이었다. 그래서 '전무한 분야를 개척한다는 마음으로 작업을 해보자.' 라는 마음으로 원고를 집필하기 시작했다. 막상 시작하니 어느 방향으로 집필을 해야 할지 감이 잘 잡히지 않았지만 그래도 신체 활동과 영어에 관심이 있는 교사들을 모아 서로 아이디어를 주고받으며 원고가 집필되었다. 처음 시도하는 시험대이지만 우리는 최선을 다해서 준비했다. 부족한 점은 다음 작업에서 고쳐나갈 것이다. 많은 격려와 피드백이 이어지기를 바란다.

　이 책은 신체 활동에 관심이 있는 모든 체육 교사, 유치원 교사, 초등학교 교사뿐 아니라 유치원, 초등학생, 그리고 신체 활동과 생활 영어에 관심이 있고 영어를 좋아하는 학생이 신체 활동의 장에서 일어나는 활동들을 영어로 표현하게 되어있다. 부디 행동으로 따라해 보고 실제 말로 표현해보면서 체육 교육 현장에서 익히는 좋은 본보기의 자료가 되었으면 좋겠다.

　끝으로 이책 자료를 찾는데 수고해주신 한상모, 김정희, 민경진 선생님에게 감사하다는 말씀을 전하고 싶다.

2017년 2월
유 생 열

차례

Track and Field

Lesson 1. **Long Jump** ---------- 3

Lesson 2. **Orienteering** ---------- 19

Competition games

Lesson 1. **Soccer** ---------- 33

Lesson 2. **T-Ball** ---------- 51

Lesson 3. **Tennis** ---------- 68

Lesson 4. **Basketball** ---------- 85

Lesson 5. **Volleyball** ---------- 103

Dance

Lesson 1. **Creative Dance** — 123

Lesson 2. **Folk Dance(Virginia Reel)** — 146

Lesson 3. **Korean Dance(Tal-Chum)** — 163

Golf

Lesson 1. **Golf** — 183

Fork play

Lesson 1. **Let's play outside!** — 203

Lesson 2. **Let's play inside!** — 223

Track and Field

Unit 1 Let's Jump and Go hiking!

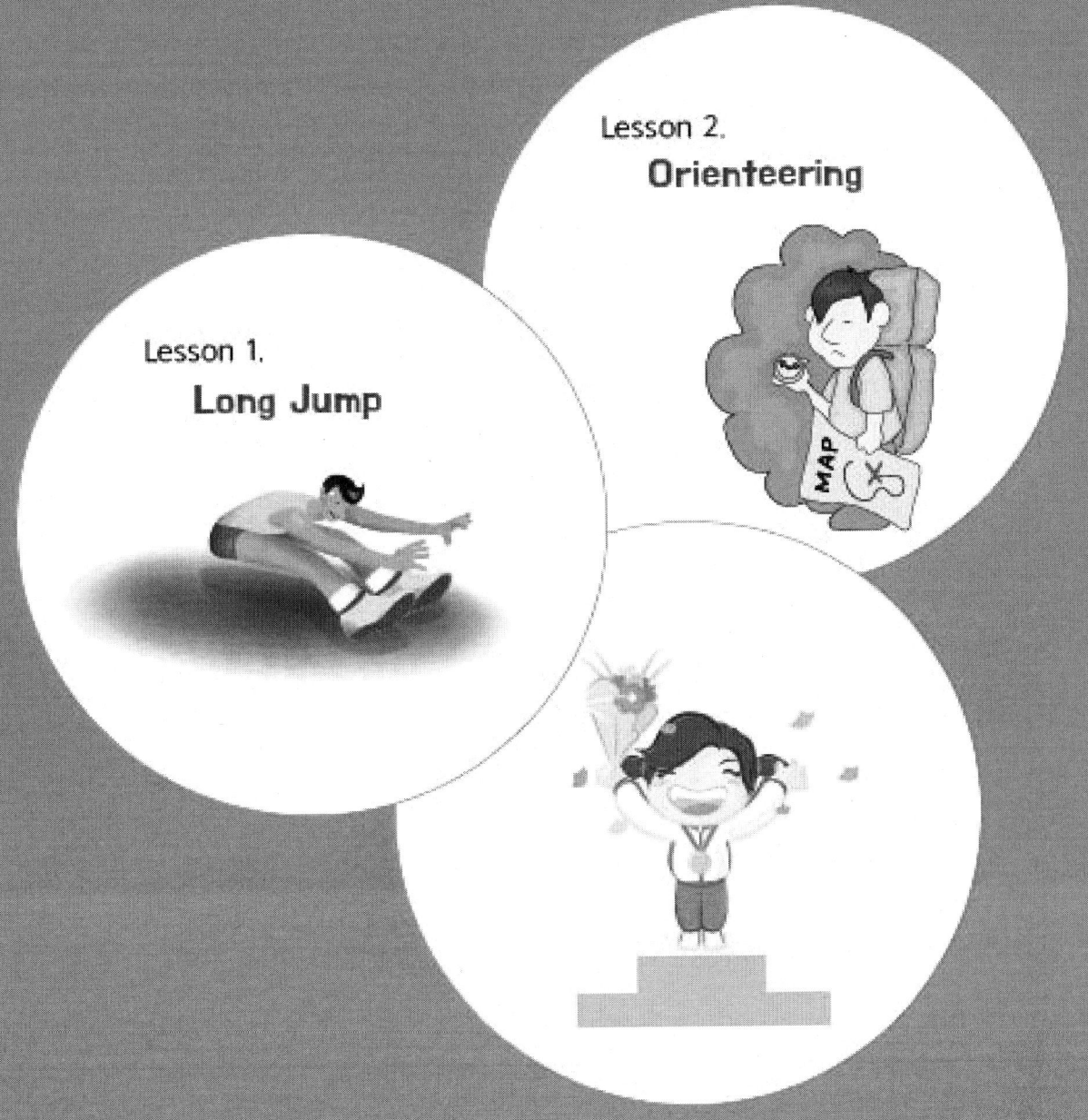

Lesson 1. Long Jump

Lesson 2. Orienteering

Lesson 01 Long Jump

1st Period 1/4

- **Introduction** ······ ■ Warm up(6′)
- **Development** ······ ■ Look and listen(6′) → Practice together 1(15′)
- **Consolidation** ······ ■ Speak about us(5′) → Closing(5′)

Introduction

📖 Hello, class?
How are you today? Good to see you again.

Warm up

📖 What is he doing in the picture?　　　　그림에서 무엇을 하고 있나요?
Yes, that's right. He is doing the long jump.
　　　　　　　　　　　　　　　　　네, 맞아요. 'long jump'를 하고 있어요.
How do you say 'long jump' in Korean?
　　　　　　　　　　　　　　'long jump'를 한국말로 뭐라고 하나요?
We say "멀리뛰기".　　　　　　　　　　　멀리뛰기라고 해요.
Then, when we do the long jump?　　　　언제 멀리뛰기를 하나요?

멀리 뛰기는 우리가 생활할 때 자주 쓰여요. 길을 가다가 장애물을 넘을 때도 쓰이고 축구 같은 다른 운동을 할 때도 기본이 되는 운동이에요.

① 　②

English for Physical Activity

Think together (Lesson orientation)

: 떠오르는 것을 마인드 맵으로 함께 간단히 그려보면서 통해 배울 내용을 예상하기

When you think of 'long jump', what do you have in mind?
  멀리뛰기를 생각하면 무엇이 떠오르나요?

Can anyone tell me about 'long jump'?
  누가 멀리뛰기에 대해 말해 볼까요?

For long jumping, it is important to know proper form and technique.
  멀리뛰기에서는 몸 모양과 기술에 대해 아는 것이 중요해요.

And, you should know the technique for running, speed and pacing.
  그리고 달리기, 속도, 속도 조절(pacing) 기술에 대해 알아야 해요.

Object presentation

: 다 함께 오늘의 학습목표 확인하기.

그럼 오늘 무엇을 배울지 알아볼까요? Let's read this together.
  다 같이 따라 읽어 봅시다.

: I can read and say the expressions about Long Jump.

Development Look and Listen

Introducing vocabulary and expressions

: 멀리뛰기 관련 핵심 어휘와 표현 익히기

It is important to learn 3 techniques.
  멀리 뛰기에서는 세 가지 기술을 배우는 것이 중요해요.

Track and Field | Lesson 1. Long Jump

Technique for beginning the jump (take-off), mid-point of the jump and landing (follow through).

점프를 시작하기 위한 기술, 점프를 하고 난 후의 기술, 착지를 위한 기술-후속동작-이에요)

Let's look at the picture cards we have. 다 같이 그림 카드를 봅시다.

점프해서 나간 거리를 'distance'라고 해요.

달리기를 할 때 더 빨리 뛰려고 하는 건 'accelerate'라고 하고요. 반대의 경우는 뭐라고 할까요?

Then, what is this picture about? 그럼, 이 그림은 무엇에 관한 것인가요?

It's a foul line. Can you see the foul line over there.

이건 파울라인이에요. 저기 파울라인이 보이나요?

Which one is wrong? 어느 것이 잘못된 건가요?

Everyone stand up please. Do what I do.

모두 일어나주세요. 선생님을 따라하세요.

※ 교사가 시범을 보여주고, 따라하게 한다.

Words	Pictures	Words	Pictures
jump / distance	④	take off / landing	⑤
accelerate / fast decelerate / slow	⑥	long jump pit	⑦

English for Physical Activity

Words	Pictures	Words	Pictures
run / speed	⑧	foul line	⑨

- I can accelerate my run.
- I run with increased speed, which means I run fast.
- When I decelerate my run I am slow.

Practice together 1

Practicing the techniques : running technique

: 배운 표현 중 멀리 점프의 도움닫기 기술 연습해 보기

 Now, we are going to learn running technique for long jump. Does anybody know how to do that?

지금부터 멀리뛰기를 위한 달리기 기술에 대해 배울 거예요. 어떻게 하는 건지 아는 친구 있나요?

You should take 15-20 steps. It will be 20-30m from the foul line.

15-20 스텝정도를 밟아야 해요. 파울선으로부터 20-30m 정도 거리가 될 거예요.

You should reach maximum speed 2 steps before the take off.

발구르기를 하기 전에 마지막 2 스텝은 속도를 최대로 내서 밟아야 해요.

The last 2 steps should follow this sequence: long step, short step.

마지막 2 스텝은 긴 스텝과 짧은 스텝의 순으로 해야 해요.

Let's practice these running techniques.   달리기 기술을 연습해 봅시다.

Consolidation TALK Speak about us

Talking about myself.

: 자신이 잘 하는 것과 잘 하지 못하는 것을 확인하고 친구와 이야기 나누기

Track and Field | **Lesson 1. Long Jump**

Let's check what you have learned. 배운 것을 확인해 봅시다.
Check what you can do well or need to practice more.
잘 하는 것과 더 연습해야 하는 것을 확인해 보세요.
Let's compare it with your friends. 그리고 친구와 비교해 보세요.
You can use these key expressions. 이 표현들을 사용하도록 하세요.

Grade :   Name :

Check list	Awesome	OK	Needs Improvement
• I can run fast.			
• I can accelerate / decelerate my run.			
• I can do a long step.			
• I can a short step.			

 Closing

Review / Introducing about next lesson

: 배운표현 복습하고 다음 차시 예고

How did you like the class? 오늘 수업 어땠나요?
Did you enjoy running? 달리는 것이 좋았나요?
Can you remember the running techniques?
도움닫기 기술들을 기억하나요?

Cooling Down Activity

: 정리 운동 하기

Go together with a partner and stretch your legs.
짝을 찾아 다리 스트레칭을 하세요.
Shake your arms and legs. 팔과 다리를 흔들어 주세요.

English for Physical Activity

2nd Period 2/4

❖ **Introduction** ········ ■ Warm up(5′)
❖ **Development** ······· ■ Learn more(10′) → Practice together 2(20′)
❖ **Consolidation** ······· ■ Closing(5′)

Introduction

🄣 Hello, everybody. Happy to see you again in this perfect weather. How do you feel today? Very good.

 Warm up

Review

: 1차시에 배운 내용 복습하기. Jump pit(멀리뛰기장) 및 달리기 기술에 대해 그림과 단어를 사용해서 정리하기.

🄣 Do you remember the expressions or words from last class?
　　　　　　　　　　　　　　　　　지난 시간에 배운 표현이나 단어를 기억하나요?

Make groups of 4-5. 　　　　　　　4~5명으로 모둠을 만드세요.

Every group, Get this board and put these words about Long Jump in the correct order.
　　　이 판을 가지고 가서 멀리 뛰기에 관한 단어들을 그림에 알맞게 다시 정리해 보세요.

※ 모둠별로 멀리뛰기 그림과 자석이 부착된 단어카드를 준다.

I will give you 4 minutes. 　　　　　　　　　　　　　　4분 줄게요.

Object presentation

: 다 함께 오늘의 학습목표 확인하기

🄣 오늘 배울 내용을 확인해 봅시다.
　• Let's learn the take-off technique.

Track and Field | Lesson 1. Long Jump

 **Learn more**

Introducing long jump technique : 'take off'

: 멀리뛰기의 '발구르기' 기술 소개하기

Let's practice the take-off. I will show you how it works.
발구르기를 연습해 봅시다. 선생님이 어떻게 하는지 시범을 보여줄게요.

Remember the last 2 steps before the take-off (long step and short step).
발구르기 전 마지막 2 스텝을 기억하세요.

With your last step, touch the ground with your take-off leg slightly bent.
마지막 스텝에서 구르는 쪽 다리를 약간 구부러지게 해서 땅을 디뎌요.

가슴이 위쪽을 향하도록 해야 해요.

Extend kneejoint, hipjoint and ankle of your take-off leg for the last phase.
마지막 순간에 구르는 발의 무릎과 엉덩이, 발목을 쭉 펴세요.

Use your arms to support your movement.
팔을 사용해서 동작을 도우세요.

	Long Jump : take-off technique
	long step and short step
	touch the ground with your take-off leg slightly bent
	Extend kneejoint, hipjoint and ankle of your take-off leg
	Use your arms

 Practice together 1

How can we jump better without a foul?

: 빨리(느리게)뛰는 실험하면서 멀리뛰기 연습해보기

Let's practice the take-off   발구르기를 연습을 해 봅시다.
Who can jump higher?   누가 점프를 더 높이 할 수 있나요?

9

English for Physical Activity

Please do the take-off and jump as high as you can.
최대한 높이 점프를 해 보세요.

Be careful not to run-over the foul line.
파울선을 넘지 않도록 조심하세요.

Look how your friends are doing. 친구들이 어떻게 하는지 보세요.

Consolidation Closing

Review / Introducing about next lesson

: 배운 표현 복습하고 다음 차시 예고

 Let's review what we have learned today.
오늘 배웠던 것을 복습해 봅시다.

What part of the take-off is the easiest?
발구르기 중 어느 부분이 제일 쉬웠나요?

What changes can you make to your take-off better.
도움닫기를 잘 하기 위해서 어떻게 변화를 주어야 할까요?

You can explain in Korean. 한국말로 설명해도 돼요.

Cooling Down Activity

: 정리 운동 하기

 Make a Circle. 원을 만드세요.

Shake ankles and kneejoints, hipjoint, shoulders and neck.
발목과 무릎, 엉덩이(관절), 어깨, 목을 돌려주세요.

Follow my order. 선생님의 구령을 따라서 해 주세요.

Image Source ① http://m.kgnews.co.kr/news/articleView.html?idxno=360482

10

Track and Field | **Lesson 1. Long Jump**

3rd Period 3/4
- ❖ **Introduction** ········ ■ Warm up(5′)
- ❖ **Development** ········ ■ Read & Think(6′) → Play together(15′)
  → Teach & Help(9′)
- ❖ **Consolidation** ········ ■ Closing(5′)

Introduction

🗣 Hello, class. How do you fell today?
What a perfect day to do long jump.

 Warm up

Review

: 2차시에 배운 내용 복습하기

🗣 Can anyone tell me what we have learned last class?

　　　　　　　　　　　　　　누가 지난 시간에 배운 것을 얘기해 볼까요?

That is right! We practiced running technique, long step-short step and take-off.

맞아요. 우리는 달리기-도움닫기-기술, 긴 스텝/짧은 스텝과 발구르기에 대해서 연습했어요.

Object presentation

: 다 함께 오늘의 학습목표 확인하기.

🗣 What should we learn today?　　　오늘은 무엇을 배워야 할까요?
Think about an airplane.　　　　비행기를 떠올려 보세요.
비행기가 이륙을 하면 반드시 해야 하는 것이 있죠? 맞아요. 착륙이에요.
정말 중요한 기술이에요. 멀리뛰기에서는 착륙을 뭐라고 할까요?
Today we will learn more about landing and how to jump better.

　　　　　　오늘은 착지를 포함해서 점프를 더 잘하는 방법에 대해서 배울 거에요.

English for Physical Activity

Let's read this together.   다 같이 읽어 봅시다.
• I can jump better using 5 ways.

 **Read & think**

| Learning how to jump better. |

: 읽기자료를 통해 멀리뛰기를 잘하는 방법 이해하기

Let's read these sentences about long jump. 다음 문장들을 읽어 봅시다.
Can you understand the landing position of this picture?

　　　　　　　　　　　　　　　　　이 그림의 착지 장면을 이해할 수 있나요?

	⟨Let's read!⟩ 5 ways to jump better.
⑪ (figure)	I can jump better when I run fast.
	I foul if I run over the take off line.
	My jump is short when if I do not land properly.
	Pay attention to the arm and leg position as they change from take-off.

 Play together

| Action game : "Simon says" |

 Let's do what I say.   선생님이 말 하는 대로 해 보세요.
"Simon Says"
  • Long step / short step!
  • Run! / Accelerate / decelerate!
  • Jump short / long!

- Take-off position.
- Landing position.

※ 2개 그룹으로 나누어 편성한 후 친구끼리 틀린 친구를 불러내게 한다. 가장 늦게까지 남는 친구(2~4명)가 이긴다.

Teach & Help

Let's teach and help each other.

: 모둠별 한조가 되어 착지자세를 교정해 주기.

Make pairs and observe your friends' landing. Take turns doing and observing. 짝을 이루어 친구들의 착지를 관찰해 보세요. 역할을 교대해 보세요.

Your friends will check your landing movement

친구가 착지 동작을 확인할 거에요.

Please have a look at this picture and compare it with your friends' movement. 그림과 친구들의 동작을 비교해 보세요.

Use these expressions. 이 표현들을 사용해 보세요.

※ 사용 가능한 표현들을 소개해 주되, 한국말 사용을 너무 제한하지 않는다.

⟨Let's teach⟩
1. Line up
2. Show your motion to another.
3. Guess what he is doing well / wrong.
4. Tell your friend about it.

English for Physical Activity

Consolidation Closing

Review / Introducing about next lesson

1. 교사가 바른 도움닫기, 공중동작, 착지자세 시범보이기
2. 배운표현 복습하고 다음 차시 예고

T. Look at what I'm doing again.   선생님이 어떻게 하는지 다시 한번 보세요.
Can you explain to me how to do the landing?
착지를 어떻게 하는지 설명할 수 있나요?

Next time, we are going to long jump in different ways.
다음 시간에는 여러 가지 방법으로 멀리 뛰기를 해 볼 거에요.

Cooling Down Activity

: 정리 운동 하기

T. Let's Walk together slowly around this area.
함께 이 주변을 천천히 걸어 봅시다.

| Track and Field | Lesson 1. Long Jump

4th Period 4/4

- ❖ **Introduction** ······ ■ Warm up(6′)
- ❖ **Development** ······ ■ Speak & play(20′) → On your own(8′)
- ❖ **Consolidation** ······ ■ Closing(6′)

Introduction

🅣 Good morning class. Everything ok today?
Very good.

Warm up

Review

: 그동안 배운 단계를 되돌아보며 표현 복습하기
(멀리뛰기에 대해 아는 것 말해보기)

🅣 Say everything you know about long jumping.

멀리 뛰기에 대해 배웠던 모든 것에 관해 얘기해 보세요.

Tha't right. We've learned a lot of techniques.

맞아요, 우리는 많은 기술들을 배워왔어요.

Object presentation

: 다 함께 오늘의 학습목표 확인하기.

🅣 What are we going to learn today?   오늘 무엇을 배울까요?
What do you want to do today?   오늘 뭘 하고 싶어요?

- Let's do a long jump using what we have learned.

English for Physical Activity

Development Speak & Play

Jump together

: 그동안 익힌 표현을 사용하여 친구들과 실제 도움닫기 멀리뛰기 해보기

T Let's do a long jump together.　　　다 같이 멀리뛰기를 해 봅시다.
　Who can jump the furthest.　　　누가 제일 멀리 뛸 수 있나요?
　Who can do the best form?　　　누가 제일 폼이 좋은가요?

Long jumping in different ways

: 여러 가지 다른 방법으로 멀리뛰기 해 보기

T Let's do a long jump in different ways.

　　　　　　　　　　　　　다양한 방법으로 멀리 뛰기를 해 봅시다.

- 훌라후프를 놓고 3단 뛰기를 해 보기
- 훌라후프 없이 3단 뛰기 해 보기
- 여러 가지 종류의 장애물을 놓고 멀리 뛰기 하기
- 파울선 대신 책받침을 이용해서 파울선 밟지 않는 연습해 보기

 On your own

Lesson review

: 멀리뛰기 용어, 멀리뛰기를 잘 하는 방법에 관해 정리하기
　(모둠별 발표 : 시범보이기)

T I'm going to give each group a task.　　각 모둠마다 과제를 줄 거에요.
　Group A, present about 'take-off'

　　　　　　　　　　　　A 모둠은 발구르기에 대해서 설명하세요.

　Group B, present about 'running techniques'

　　　　　　　　　　　　B모둠은 도움닫기에 대해서 설명하세요.

Group C, present about 'landing'

C모둠은 착지동작에 대해서 설명하세요.

Group D, present about 'the words and expressions of long jump'

D모둠은 멀리뛰기에 관한 단어와 표현에 대해 설명하세요.

※ 모둠별 과제를 제시할 때 제비 뽑기의 방법을 사용할 수도 있다.

Don't worry. I will help you.   걱정하지 마세요. 선생님이 도와줄거예요.

Consolidation Closing

| Review / Introducing about next lesson |

: 배운표현 복습하고 다음 차시 예고

Did you like long jump? Why?   멀리뛰기가 좋았나요? 왜 그런가요?

Now, can you do long jump better? How?

이제 멀리뛰기를 더 잘할 수 있나요? 어떻게요?

| Cooling Down Activity |

: 정리 운동 하기

Let's stretch out your arms and legs.   팔과 다리를 쭉 뻗어 봅시다.

Image Source

① http://m.kgnews.co.kr/news/articleView.html?idxno=360482

② http://gsfound.com/soccer

③ http://specialdiary.tistory.com/339

④ http://www.ablenews.co.kr/AblePhoto/AblePhotoView.aspx?NewsCode=14320&NewsContentsImageLevel=2

⑤ http://news.joins.com/article/6111444

⑥ http://m.blog.daum.net/keanu/16158676

⑦ http://www.sportsandsafetysurfaces.co.uk/athletics/long-jump/sand-pit-cover/

⑧ http://blog.joins.com/media/folderListSlide.asp?uid=tony4328&folder=83&list_id=12377518&page=1

⑨ http://m.blog.naver.com/kinmasters/130120835285

⑩ http://m.kgnews.co.kr/news/articleView.html?idxno=360482

⑪ http://cte7109.tistory.com/653

⑫ http://reporter.korea.kr/newsView.do?nid=148715941

⑬ http://teaching.nsu.ac.kr/board/read.php

⑭ http://vod.sejong.go.kr/prog/blog/citizen/sub04_02_09/view.do?mode=list&nttId=1134&pageIndex=1

Lesson 02 Orienteering

1st Period 1/3

- **Introduction** ······ ■ Warm up(6′)
- **Development** ······ ■ Look and listen(9′) → Practice together(15′)
- **Consolidation** ······ ■ Speak about us(5′) → Closing(5′)

Introduction

Good morning class. How are you today?
Isn't it a perfect day for orienteering?

Warm up

What is she/he doing in the picture?   그림에서 무엇을 하고 있나요?
No one know about this? She/He is doing orienteering.

아무도 아는 사람이 없나요? 'Orienteering'을 하고 있어요.

Does anyone know what orienteering is?

'오리엔티어링'이 무엇인지 사람 없나요?

I will give you clues in Korean.   한국말로 설명해 줄게요.

오리엔티어링 게임은 지도와 나침반을 가지고 목적지를 빠른 시간안에 찾는 경기예요.

①    ②

Track and Field | Competition games | Dance | Golf | Folk play

English for Physical Activity

▌▌ Think together (Lesson orientation)

: 떠오르는 것을 간단히 적어 보면서 통해 배울 내용을 예상하기

🅣 What should we have for doing 'orienteering'?

오리엔티어링을 하려면 무엇이 있어야 할까요?

Can anyone tell me about 'directions'?

'방향'에 대해 누가 말해줄 수 있나요?

For orienteering, it is important to know how to read the map using a compass.

오리엔티어링에서는 나침반을 이용해서 지도를 읽는 방법에 대해 아는 것이 중요해요.

▌▌ Object presentation

: 다 함께 오늘의 학습목표 확인하기.

그럼 오늘 무엇을 배울지 알아볼까요?

🅣 Let's read this together. 다 같이 따라 읽어 봅시다.

: I can say and read the expressions about orienteering.

Development Look and Listen

▌▌ Introducing vocabulary and expressions

: 오리엔티어링 관련 핵심 어휘와 표현 익히기

🅣 It is important to learn 3 things. 세 가지를 배우는 것이 중요해요.

Finding clues, understanding directions, measuring distance.

단서를 찾는 것, 방향을 이해하는 것, 거리를 재는 것

하지만 우리는 학교 주변에서 할 것이기 때문에 나침반을 사용하지는 않을 거예요. 대신, 지도와 단서가 담긴 문장카드를 활용합니다.

| Track and Field | Lesson 2. Orienteering

③

📖 Let's look at the picture cards we have.   그림 카드를 봅시다.
There are 4 directions. What are the they?
　　　　　　　　　　　　　　　　　　　　4가지의 방향이 있어요. 뭐죠?

Can you use a map to find a place?
　　　　　　　　　　　　　　　　지도를 사용해서 어떤 장소를 찾을 수 있나요?

Can you measure distance using a map?
　　　　　　　　　　　　　　　　지도를 사용해서 거리를 잴 수 있나요?

※ 교사가 시범을 보여주고, 따라하게 한다.

Words	Pictures	Words	Pictures
find a clue	④	look left / right	⑤
Directions (North, South, West, East)	⑥	measuring distance	⑦
map	⑧	go straight	⑨

- It's next to the...
- It's in front of the...
- It's behind the...
- It's between the... and the....
- It's ____ meters from A

English for Physical Activity

 Practice together

| **Practicing the expresseions : finding secrets on a map.**

: 지도를 이용해서 물건 찾기

🅣 Now, we are going to find items on the map.
　　　　　　　　　　　　　　　　지금부터 지도에 있는 물건들을 찾을 거예요.
　Make groups of 3.　　　　　　　　　　3명 1모둠을 만드세요.
　Look at the map.　　　지도를 보세요. 지도와 우리 지형을 일치시키세요.
　Do you see the secret A and secret C?　　A와 C가 보이나요?
　Then, where is the secret B? Find the clues on the map and worksheet.
　　　　　　　　　　그럼 B는 어디있나요? 지도와 학습지에서 단서를 찾으세요.
　Go find what they are.　　　　　가서 그것들이 무엇인지 찾으세요.
　Write what are they on the worksheet.
　　　　　　　　　　　　　　　그것들이 무엇인지 학습지에 적으세요.
　10 minutes. Let's move.　　　　　10분이에요. 움직이세요!

※ 교사는 미리 주변 장소를 간단한 지도와 학습지 그리고 실제 장소에 설치할 표지를 준비한다. Secret B는 장소를 나타내는 표현을 활용하여 스스로 찾을 수 있도록 한다.

Consolidation TALK Speak about us

| **Talking about myself.**

: 자신이 잘 하는 것과 잘 하지 못하는 것을 확인하고 친구와 이야기 나누기

🅣 Let's check what you have learned.　　　배운 것을 확인해 봅시다.
　Check what you can do well or need to practice more.
　　　　　　　　　　잘 하는 것과 더 연습해야 하는 것을 확인해 보세요.

| Track and Field | Lesson 2. Orienteering

Let's compare it with your friends. 그리고 친구와 비교해 보세요.
You can use these key expressions. 이 표현들을 사용하도록 하세요.

Grade :   Name :

Check list	Awesome	OK	Needs Improvement
• I can find where is N/S/E/W on a map.			
• I can measure distance on a map.			
• I can understand directions.			
• I can a short step.			

 Closing

Review / Introducing about next lesson

: 배운표현 복습하고 다음 차시 예고

How did you like the class? 오늘 수업 어땠나요?
Did you find all the items? 모든 물건을 찾았나요?
Can you remember about directions? 방향에 대해서 기억하나요?

Cooling Down Activity

: 정리 운동 하기

Go together with a partner and stretch your legs.
짝을 찾아 다리 스트레칭을 하세요.
Shake your arms and legs. 팔과 다리를 흔들어 주세요.

English for Physical Activity

2nd Period 2/3

❖ Introduction ······ ■ Warm up(5′)
❖ Development ······ ■ Read & Think(6′) → Practice together(15′)
   → Teach & Help(9′)
❖ Consolidation ······ ■ Closing(5′)

Introduction

🇹 Hello class. How do you feel today?
What a perfect day to do orienteering!

Warm up

Review

: 1차시에 배운 내용 복습하기.

🇹 Can anyone tell me what we have learned last class? (누가 지난 시간에 배운 것을 얘기해 볼까요?)
That is right! We learned about directions. (맞아요. 우리는 방향에 대해서 배웠어요.)

Object presentation

: 다 함께 오늘의 학습목표 확인하기.

🇹 What should we learn today?   오늘은 무엇을 배워야 할까요?
Think about a treasure hunt.   보물찾기를 떠올려 보세요.
Today we will learn more about orienteering to find clues or treasures faster.
    오늘은 단서나 보물을 더 빨리 찾기 위해서 오리엔티어링에 대해 좀 더 배울 거에요.
Let's read this together.   다 같이 읽어 봅시다.
I can find clues or treasures faster using 3 ways.

| Track and Field | Lesson 2. Orienteering

 **Read & think**

Learning how to do orienteering better.

: 읽기자료를 통해 오리엔티어링을 잘하는 방법 이해하기

Let's read these sentences about orienteering.

다음 문장들을 읽어 봅시다.

<Let's read!> 3 ways to win the orienteering game.
Decide the fastest route. (가장 빠른 경로를 정하세요.)
Be careful with the directions. (방향을 조심하세요.)
Trust your friends. (친구를 믿으세요.)

 Play together

 Action game : "Find the treasure"

Can you see the treasure island over there?

저기에 있는 보물섬이 보이나요?

I'm going to divide you into groups of 3.

3명 1모둠으로 나눌 거예요.

One of your group member will close his/her eyes.

모둠원 중 1명은 눈을 가립니다.

Listen to what other members say and move.

다른 모둠원이 말하는 대로 움직이세요.

Find the treasure in a limited time.　제한된 시간에 보물을 찾으세요.
Use the expressions we've learned.　우리가 배운 표현들을 활용하세요.
If you find the treasure the fastest, you will win.

가장 빨리 보물을 찾으면 이기게 됩니다.

English for Physical Activity

※ 교사는 운동장에 미리 보물섬을 그려 놓는다. 보물섬은 직사각형 형태가 게임을 하기에 수월하며 보물섬 안에 길을 그려놓아도 좋다. 출발점은 똑같이 하되 모둠의 순서가 바뀔 때마다 보물의 위치를 옮긴다. 교사의 주도하에 해도 되고, 여건이 가능할 경우 모둠별로 직접 게임을 하게 해도 좋다.

 Teach & Help

Let's teach and help each other.

: 모둠별 한조가 되어 방향관련 표현 정리해 주기.

Make pairs and teach your friends about directions.
　　　　　　　　　　　　　짝을 이루어 친구에게 방향에 대해 가르쳐 주세요.

Check how many directions your friends know.
　　　　　　　　　　　　　친구가 얼마나 많은 방향을 아는지 확인하세요.

Use these expressions card.　　　이 표현들을 사용해 보세요.

※ 사용 가능한 표현들을 소개해 주되, 한국말 사용을 너무 제한하지 않는다.

〈Let's teach!〉

▶ Expressions about directions.

1. Go straight 3 steps.
2. Look your left / right.
3. Go back to the first place.
4. It's in front of the Oak tree, etc.

〈표현 카드의 예〉

Consolidation  Closing

Review / Introducing about next lesson

: 배운 표현 복습하고 다음 차시 예고

- Look at what I'm doing again.   선생님이 어떻게 하는지 다시 한번 보세요.
  If I'm doing right. Say "Yes". If I'm doing wrong. Say "No".

  만약에 선생님이 바르게 하면 "Yes"라고 하세요. 바르지 않으면 "No"라고 하세요.

※ 교사는 방향을 말하며 실제 행동으로 보여준다.

Cooling Down Activity

: 정리 운동 하기

- Let's Walk together slowly around this area.

  함께 이 주변을 천천히 걸어 봅시다.

English for Physical Activity

3rd Period 3/3

❖ Introduction ········ ■ Warm up(6′)
❖ Development ······· ■ Speak & play(20′) → On your own(8′)
❖ Consolidation ······ ■ Closing(6′)

Introduction

🄣 Hello class. It is a good day to play orienteering!

 Warm up

 Review

: 1차시에 배운 표현 복습하기

🄣 Say everything you know about orienteering.
　　　　　　　　　　　　　오리엔티어링에 대해 배웠던 모든 것에 관해 얘기해 보세요.
That's right. We've learned a lot of expressions.
　　　　　　　　　　　　　맞아요, 우리는 많은 표현들을 배워왔어요.
Today, real game is waiting for you.　오늘은 실제 경기를 해 볼 거예요.
Aren't you excited?　　　　　　　　　신나지 않나요?

Object presentation

: 다 함께 오늘의 학습목표 확인하기.

🄣 What are we going to learn today?　　오늘 무엇을 배울까요?
What do you want to do today?　　　오늘 뭘 하고 싶어요?
Let's play orienteering game using what we have learned.

Track and Field | Lesson 2. Orienteering

 **Speak & Play**

> Finding the treasures together

: 그동안 익힌 표현을 사용하여 같이 보물 찾아보기

   Let's find the treasures together.   다 같이 보물을 찾아 봅시다.
   Make groups of 3 as fast as you can.   최대한 빨리 3명 1조로 만드세요.
   The winner will be the group that find the most treasures.
                                보물을 가장 많이 찾은 모둠이 우승할거에요.
   Please work with your group members.   모둠원들과 함께 하세요.
   You have 25minutes to play the game.   25분동안 게임을 할 거에요.
   Don't forget to use the expressions we've learned.
                                우리가 배운 표현 사용하는 것 잊지 마세요.

 On your own

> Lesson review

: 키워드를 통해 오리엔티어링에 관해 정리하기(그림과 카드 일치시키기)

 Let's match the picture cards with the word/expressions cards.

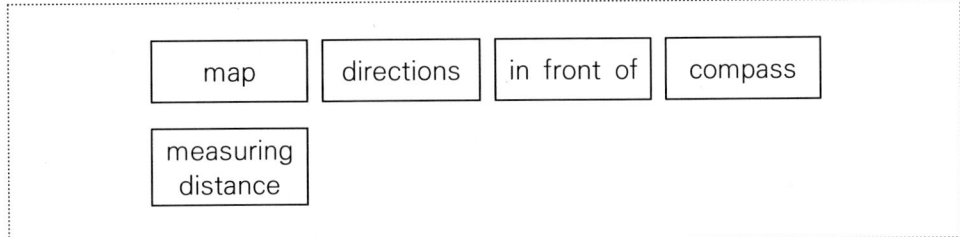

Consolidation  Closing

Review / Introducing about next lesson

: 배운 표현 복습하고 다음 차시 예고

🕪 Did you like orienteering? 　　　　　오리엔티어링이 좋았나요?

　Now, can you do orienteering better? How?

　　　　　　　　　　　　　　이제 오리엔티어링을 더 잘할 수 있나요? 어떻게요?

Cooling Down Activity

: 정리 운동하기

🕪 Let's stretch out your arms and legs. 　　팔과 다리를 쭉 뻗어 봅시다.

Image Source

① http://echoyouth.or.kr/bbs/board.php?bo_table=bbs_0707&wr_id=27

② http://blog.daum.net/_blog/BlogTypeView.do?blogid=06dbY&articleno-14528740

③ http://www.ggof.or.kr/pages/page_63.php

④ http://free-pictograms.com/04-mark/074-mark.html

⑤ https://pixabay.com/ko/%ED%99%94%EC%82%B4%ED%91%9C-%EC%99%BC%EC%AA%BD-%EC%98%A4%EB%A5%B8%EC%AA%BD-%EC%96%BC%EA%B5%B4-%EC%9E%AC%EB%AF%B8-%EC%9E%88%EC%9D%80-%EC%8B%9D-%EB%B8%94%EB%A3%A8-%ED%8F%AC%EC%9D%B8%ED%8C%85-35160/

⑥ https://ko.wikipedia.org/wiki/%EB%82%98%EC%B9%A8%EB%B0%98

⑦ http://m.blog.naver.com/jke1967/220721632046

⑧ http://spogen.com/category/%EC%BA%A0%ED%95%91%EC%98%A4%EB%A6%AC%EC%97%94%ED%8B%B0%EC%96%B4%EB%A7%81/239/

⑨ http://kr.vectorhq.com/vector/directional-sign-continue-straight-clip-art-51682

Competition games

Unit 2   Let's play outside!

Lesson 1. **Soccer**
Lesson 2. **T-ball**
Lesson 3. **Tennis**
Lesson 4. **Basketball**
Lesson 5. **Volleyball**

Lesson 01 Soccer

1st Period 1/4

- ❖ Introduction ……… ▪ Warm up(6′)
- ❖ Development ……… ▪ Look and listen(6′) → Practice together 1(15′)
- ❖ Consolidation ……… ▪ Speak about us(5′) → Closing(5′)

Introduction

 Think togeter

Warm up(Motivation)

: 떠오르는 것을 마인드 맵으로 함께 간단히 그려보면서 통해 배울 내용을 예상하기

①

- 무슨 사진인지 누가 우리말로 말해볼 수 있어요?
  그렇지요? 축구를 하면 여러분의 체력이 좋아지게 할 뿐만이 아니라 잘해서 국가대표가 되면 우리나라의 이름을 빛낼 수도 있어요.

축구에서는 개인 경기가 아니라 단체 경기이기 때문에 무엇보다 중요한 것은 협력을 잘 해야 돼요. 그래서 개인기보다 더 중요한 것은 플레이어 끼리 패스해서 골을 만드는 협력이 중요해요. 그래서 pass가 매우 중요해요. 이 단

English for Physical Activity

어는 '상대방에게 공을 주다'라는 말이에요? 그러면 두 사람이 필요하겠지요? 카드를 보여주며...(두 사람이 협력하여 볼을 주고받는 모습을 보여주며)

Object presentation

: 다 함께 오늘의 학습목표 확인하기.

- I can read and say Passing, Receiving, and Dribbling in soccer.
  나는 패스, 받기, 드리블을 읽고 말할 수 있다.

[Expressions for teachers]

- Who is this soccer player? 이 축구선수는 누구니?
- When you think of 'soccer' what comes to your mind?
  너가 생각하기에 '축구'를 어떻게 생각하니?
- What else do you know about soccer? 축구에 또다른 것을 아니?

 **Look and Listen**

Introducing expressions

: 축구관련 핵심 어휘와 표현 익히기

 여러분이 패스를 할 때는 처음부터 넓은 대형으로 힘들겠지요? 그래서 여러분이 패스를 할 때는 처음에는 두 사람이 공간을 좁게 하여 연습하다가 점점 더 넓게 펼치는 거예요. 이 말을 영어로 어떻게 표현할까요? (이 내용을 표현하는 카드를 보여주며...) 그래요 아주 잘 했어요. 이 말을 영어로는 어떻게 표현하는지 볼까요?

First! Start close together and then move apart little by little
가까이에서 좀 더 멀리 거리를 두어라

| Competition games | Lesson 1. Soccer

축구의 기본 기능을 영어에서는 Basic Soccer Skills라고 해요. 그러면 축구의 기본 기능에는 무엇이 있을까요? 그래요 축구를 잘 하려면 드리블, 받기, 패스, 그리고 '차는 능력'이 있어야 해요.

Words	Pictures	Words	Pictures
Instep & Infront kick	② 킥의 종류 (a 인사이드 킥, b 인프론트 킥, c 아웃사이드 킥, d 아웃프론트 킥, e 인스텝 킥, f 토킥, g 힐 킥)	Dribble the ball	③
Pass the ball	④	Receive the ball	⑤

▷ Basic Soccer Skills (아래 4개의 활동이 들어간 그림을 보여준다)
▷ Dribbling, Receiving, Passing, Kicking
   (각각의 활동을 그리고 그림 하단에 단어로 표현해 준다)

여러분도 그림에서 보듯이 Dribble은 공을 '달고 간다'라는 뜻으로 혼자 공을 치고 상대편으로 들어가는 것이고, Receiving은 '공을 받는다'라는 뜻으로 다른 사람이 찬 볼을 내가 받는다는 뜻이며, Pass는 '공을 우리 편에게 준다'라는 뜻으로 상대방 진영이나 우리 팀의 일원에게 공을 주는 것이고, 마지막으로 Kick은 '공을 찬다'라는 의미로 패스를 하거나 슛을 할 때 필요하지요.

자! 그러면 카드를 보며 누가 이 그림을 영어로 말해볼까요?

▷ Kick the ball slowly.   천천히 공을 차세요.

▷ Kick the ball forward. 공을 앞으로 차세요.
▷ Run slowly. 천천히 나가세요.

자 그럼 공을 받을 때를 표현해 볼까요?

▷ catch the ball. 공을 잡으세요.
▷ Keep your eyes on the ball.

keep an eye on은 무엇을 주시하다는 뜻이에요. 그러면 다음은 어떨까요?

Pass는 공을 우리 편에게 준다는 말이라고 했지요? 다음 카드에 있는 말을 영어로 표현해 볼까요?

▷ Pass the ball. 볼을 패스해라.
▷ Pass the ball quickly. 볼을 빨리 패스해라.
▷ Pass the ball accurately. 볼을 정확히 패스해라.

 Practice together

자! 이제는 우리가 수업한 내용을 중심으로 여러분의 짝과 함께 여러분이 활동하면서 직접 표현해 보세요. 짝과 함께 여러분이 배운 말을 크게 영어로 떠드는 거예요. (그림카드를 큰 게시판에 부착하여 어린이들이 수시로 보고 말할 수 있게 한다)

Practice the soccer skills.

: 배운 표현 중 두 가지 기본 기술을 연습해 보기(부록 2활용)

• Passing involves two players working together.
기본적으로, 패스는 두사람이 함께하는 것이지요.

• Begin from a close distance, and then increase the distance little by little. 가까운 거리에서 시작해서, 조금씩 거리를 멀리해서 연습해요.

• Kick the ball slowly. 천천히 공을 차세요.

Competition games | Lesson 1. Soccer

- Kick the ball forward and run slowly.

  공을 앞으로 차면서 천천히 나가세요.
- catch the ball. 공을 잡으세요.
- Keep looking at the ball when you catch it.

  공을 잡을 때 공을 잘 보세요.
- Pass the ball. 볼을 패스해라.
- Pass the ball quickly and accurately. 볼을 빨리 정확히 패스해라.
- Pass the ball quickly and accurately to another player.

  볼을 빨리 정확히 다른 사람에게 패스해라.

Consolidation TALK Speak about us

Talking about myself.

: 자기평가를 통해 무엇을 잘하고 못하는지 알아봅시다.

Grade :   Name :

Check list	Yes	No
• I can kick the ball accurately.		
• I can stop the ball slowly.		
• I can pass the ball quickly.		

[Expressions for teachers]

- Let's check what you can do well or need to practice more.

  여러분이 잘 했거나 더 연습이 필요한 것에 체크하세요.
- Let's compare it with your friends. 친구와 서로 비교해 보세요.

English for Physical Activity

Cooling Down Activity

: 여러분 오늘 수업 재미있었나요? 네, 오늘 여러분 아주 잘 했어요. 그럼 이번 시간에 진행한 수업내용을 중심으로 정리를 한번해볼까요?

- 축구의 기본기는 Basic Soccer Skills이라고 했어요. 그리고 이를 구성하는 기술은 Dribbling, Receiving, Passing, Kicking이라고 했지요? 그러면 우리가 활동한 내용을 카드를 보면서 정리해 볼까요? 그림카드를 보여주며 학생들이 이번시간에 한 활동을 정리하도록 한다.

: 이번 시간에 여러분 너무너무 잘했어요. 다음시간에는 공을 찰 때 어떻게 차야할지에 대해서 알아보도록 해요. 자! 그러면 앞에서 준비 운동할 때 영어로 몸을 덥힌다고 해서 warm up이라고 했지요? 그러면 정리운동은 몸을 식힌다 고해서 cool down이라고 해요. 이 시간에는 몸과 마음을 정리하는 시간이지요. 재미있지요? 자, 그러며 정리운동을 해볼까요?

[Expressions for teachers]

- Bye-bye, children/ girls and boys/ everyone. 안녕, 친구들
  See you later/ next day/ on Monday/ again. 나중에 만나요.
- Have a nice day/ evening/ weekend/ holiday. 즐거운 휴일 보내세요.
- Take care, everybody. 모두들, 잘지내요.
  Take care of yourself. 잘지내요.
- Tomorrow is a holiday. 내일은 휴일이네요.

Competition games Lesson 1. Soccer

2nd Period 2/4

- ❖ **Introduction** ········ ■ Warm up(5′)
- ❖ **Development** ········ ■ Learn more(10′) → Practice together 2(20′)
- ❖ **Consolidation** ········ ■ Closing(5′)

Introduction Think togeter

Warm up

: 어린이 여러분 안녕하세요? 오늘은 축구 두 번째 시간으로 kicking동작에 대해 알아볼 거에요. 구체적인 동작에 들어가기 전에 지난 시간에 우리가 했던 표현과 동작에 대해 다시 한번 생각해 볼까요?

지난 시간에 우리가 했던 동작과 표현은 축구에는 기본기가 있는데 이것을 Basic Soccer Skills라고 했고, 이 네 가지는 Dribbling, Receiving, Passing, Kicking이라고 했어요. 그리고 이에 대한 표현으로는 다음과 같은 표현과 동작들을 연습했어요.(부록 카드 00, 00 를 활용하여 복습)

Object presentation

: 다 함께 오늘의 학습목표 확인하기.

• I can use the instep and infront kick.

나는 인스텝, 인프론트 킥을 할 수 있다.

English for Physical Activity

Development Learn more

Introducing soccer game rules.

: 축구 경기 규칙에 대한 용어 알아보기

⟨Soccer rules!⟩

- How long is a game?
: For basic soccer rules a game is no more than 90 min long. Two halves of 45 min (that's what the pros play..with a 15 min half time break)

: 자! 이번시간에는 이제 축구 두 번째 시간으로 공을 찰 때 발의 위치에 대해 배워볼까요?

공을 찰 때 볼의 주위 어디에 디딤 발을 놓는가가 매우 중요해요. 그래서 항상 올바른 위치에 발이 있는지 확인을 해야 해요. 볼의 위치와 발을 잘 맞추고 상체를 앞으로 약간 숙인 체 공을 차세요. 이 말을 영어로 표현해 볼까요?(부록 0 활용)

: 공이 놓여있는 바로 옆에 디딤발을 놓으세요.

ⓣ line up the stepping foot
  - Line up은 '정렬하다'라는 표현이에요. '

: 공을 찰 때는 상체를 약간 앞으로 숙이는 것이 필요해요. 그렇지 않으면 공이 하늘로 가거든요. 이 말을 한번 표현해 볼까요?

ⓣ bend your upper body (slightly).   공을 찰 때는 상체를 약간 숙이세요.

: '공이 하늘로 뜰거에요'는 어떻게 해요? 누가 한번 표현해 볼까요? 자! 선생님이 한번 표현해 볼게요.

(When you kick the ball with your body pulled back,) you'll kick ball in the air.
                                        (상체가 뒤로 숙여서 볼을 차면) 볼은 뜨게 될 거에요.

| Competition games | Lesson 1. Soccer

자 그러면 앞에서 이야기한 사항들을 염두에 두고 한번 신체활동을 해볼까요? 신체 활동할 때 앞의 카드에서 본 단어를 기억하며 신체활동을 해봅시다.

 Play together 1

A soccer Kicking game

: 배운 표현 및 축구 규칙을 활용하여 kicking 게임하기
- 준비물 : 축구공

1. 6명을 한 모둠으로 구성한다.
2. 두 모둠이 10-15m 간격을 두고 마주보고 선다.
3. A모둠 1번 학생이 B모둠 1번 학생에게 공을 차고, 다시 B모둠 1번 학생은 A모둠 2번 학생에게 ……
4. 빨리하는 것이 중요한 것이 아닌 가장 정확하게 영어표현을 사용하며 전달하도록 한다.

[Expressions for teachers]

- Shall we play a game?
- Mix up the cards. Pick up a card.
- Whose turn is it? Who's next? My turn/ It's my turn. It's your turn.

Consolidation **Closing**

Review / Introducing about next lesson

: 배운 표현 복습하고 다음 차시 예고

Cooling Down Activity
: 정리 운동 하기

1. Relax your body and take deep breath. One, two, three, four...
   긴장을 풀고 숨을 크게 들여마시세요. 하나, 둘, 셋, 넷...
   Inhale through your nose.   코로 들여마시세요.
   Exhale through your mouth.   입으로 내시세요
   Breath slowly; relax.   천천히 숨을 쉬세요
   Close your eyes and make an image in your mind of the skills you learned in the class.   눈을 감고 수업시간에 배운 내용을 생각해보세요.

Competition games | Lesson 1. Soccer

3rd Period 3/4

❖ Introduction ········ ■ Warm up(5′)
❖ Development ········ ■ Learn more(10′) → Practice together 2(20′)
❖ Consolidation ········ ■ Closing(5′)

Introduction Warm up

Review

: 2차시에 배운 내용 복습하기.

Object presentation

: 다 함께 오늘의 학습목표 확인하기.
- I know 5 ways, to play better soccer.

Development Listen & think

Learning how to kick, pass and dribble well.

: 듣기자료를 통해 kicking 동작을 알아보기

⑧

〈Let's read!〉

3 ways to kick the ball
1. Instep kick is kicking the ball using the instep
2. Infront kick is kicking using the top of the foot.
3. Inside kick is kicking using the inside part of the foot

43

English for Physical Activity

: 오늘은 우리가 kick을 할 때 사용하는 발의 부위에 따라서 kick의 종류이름을 배워보고 실제 연습해 보도록 해요. 오늘 우리가 배워 볼 kick 종류는 instep, infront, 와 inside kick이에요.

: instep kick은 엄지발가락 부위 부분을 이용하여 차는 거예요.

 Instep kick is kicking the ball using the instep (카드의 그림을 보여주며, instep부분을 보여주며)

: 인프론트 킥은 발등을 이용하여 공을 차는 것이에요.

 Infront kick is kicking using the top of the foot. (발의 정면(발등)을 이용하여 차는 모습을 보여 주는 그림)

: 발의 안쪽을 이용하여 차는 킥을 인싸이드 킥이라고해요. 이 기술은 축구에서 가장 차기 쉬운 킥이지요. 이 킥은 차기가 쉬워 패스로도 종종 많이 이용되는 부분이기도해요.

 Inside kick is kicking using the inside part of the foot(카드를 보여주며).

자 그러면 이제 운동장에서 이 시간에 배운 3가지 kicking하는 동작을 실제 연습해 봐요.

Play together 2

| 3 ways kick game |

: 배운 표현을 사용하며 짝과 함께 콘 맞추기 게임하기

⟨Let's speak out!⟩

1. Instep kick is kicking the ball using the instep
2. Infront kick is kicking using the top of the foot.
3. Inside kick is kicking using the inside part of the foot

| Competition games | Lesson 1. Soccer

Teach & Help

Action Game

: 지금까지 배운 표현을 한 번 복습하기
- 축구 활동을 하면서 배웠던 축구를 기본 개념부터 시작해서 mind map 으로 정리해보기

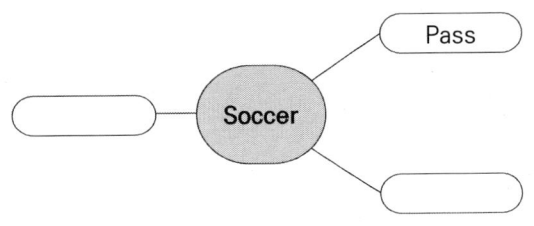

: 모둠별 한조가 되어 축구를 잘 하는 방법 알려주기

<Let's teach!>
1. Line up
2. Show your kicks movement to another person.
3. Guess what he is doing well / wrong.
4. Explain the movement to your friend.

 **Closing**

Review / Introducing about next lesson

 : 배운 표현 복습하고 다음 차시 예고

Cooling Down Activity

 : 정리 운동 하기

English for Physical Activity

4th Period 4/4

❖ **Introduction** ········ ■ Warm up(6′)
❖ **Development** ······ ■ Speak & play(20′) → On your own(8′)
❖ **Consolidation** ····· ■ Closing(6′)

Introduction Warm up

Review

: 그동안 배운 단계를 되돌아보며 표현 복습하기

Object presentation

: 다 함께 오늘의 학습목표 확인하기.
• Let's play a soccer game using what we have learned.

Development Speak & Play

Let's play soccer together

: 그동안 익힌 표현을 사용하여 친구들과 실제게임을 해보기
• 학생의 인원, 남녀 학생 수, 학생의 수준, 운동장 상태에 따라 교사는 유연하게 각 팀원을 배정하고 전반 약 10분 후반 약 10 분 정도 게임을 진행한다.

Evaluationg

: Chechlist를 통해 오늘의 플레이를 참여도와 관련하여 자기 평가 해보기

Competition games | Lesson 1. Soccer

 On your own

Lesson review

: 축구용어, 규칙, 축구를 잘 하는 방법에 관해 정리하기

Consolidation **Closing**

Review / Introducing about next lesson

: 배운 표현 복습하고 다음 차시 예고

Cooling Down Activity

: 정리 운동 하기

English for Physical Activity

부록 1.

⑭ Instep & Infront kick		⑮ Dribble the ball	
⑯ Pass the ball		⑰ Receive the ball	
⑱ Kick the ball slowly		⑲ Kick the ball forward	
⑳ Run slowly		㉑ catch the ball	
㉒ Keep your eyes on the ball.		㉓ Pass the ball	
㉔ Pass the ball quickly		㉕ Pass the ball accurately	

〈활동카드 활용방법〉

1. 실선을 따라 자르고 난 후
2. 점선을 접는다.
3. 앞면에는 그림, 뒷면에는 영어표현이 나오도록 카드를 붙인다.

부록 2.

LEVEL	HOW	WHERE	REPS
1	Walking slowly	To the wall and back	5
2	Jogging	To the wall and back	5
3	Running	To the wall and back	5
4	Jogging	Through widely spaced cones and back	5
5	Running	Through widely spaced cones and back	5
6	Jogging	Through widely spaced cones and back	5
7	Running	Through widely spaced cones and back	5
8	With a passive defender	To the wall and back	5
9	With an active defender	To the wall and back	5
10	Passing between partners, slowly	To the wall and back	5
11	Passing between partners, quickly	To the wall and back	5
12	Passing between partners with a passive defender	To the wall and back	5
13	Passing between partners with an active defender	To the wall and back	5
14	Playing 2 vs. 1 keep-away	–	–
15	Playing 2 vs. 2 keep-away	–	
16	Playing 3 vs. 2 (defense) passing keep-away	–	
17	Playing 3 vs. 3 (offense vs. defense) passing keep-away		
18	Passing and shooting at open goal (2 vs. 1)		
19	Passing and shooting at open cone (2 vs. 2)		
20	Playing 3 vs. 3 game using cones as goals	–	

Note. Passing and shooting will be emphasize at other stations but were used here to make tasks more difficult for advanced students. Modified games may also be added.

Image Source

① http://www.ymcasatx.org/mays/soccer

② http://blog.daum.net/jelloderterran

③ http://healthyliving.azcentral.com/drills-youth-soccer-tryouts-2131.html

④ https://www.myactivesg.com/sports/football/training-methods/develop-your-game/passing-and-control-drills

⑤ http://www.humankinetics.com/excerpts/excerpts/receiving-and-controlling-balls-arriving-through-the-air

⑥ https://footballmullet.files.wordpress.com/2012/01/reffootballmullet.jpg

⑦ https://www.youtube.com/watch?v=pRZ-2MOEivM

⑧ http://inmotionsportstech.com/gallery.php

⑨ https://www.youtube.com/watch?v=MNJjULEmXfc

⑩ http://thesoccerinfo.net/special-needs-kids-working-on-soccer-drills/

⑪ http://www.unknews.com/Antelope/story/?a=4466

⑫ http://www.unknews.com/Antelope/story/?a=4466

⑬ http://scottkelby.com/shooting-pro-soccer-futbol-at-6400-iso/

⑭ https://www.healthyactivekids.com.au/families/outdoor-activities/sports-skills-football/

⑮ http://www.thesoccerwall.com/pages/exercises/dribbling.htm

⑯ http://semper.soccersavings.com/split-defense-passing-game/

⑰ https://www.healthyactivekids.com.au/families/outdoor-activities/sports-skills-football/

⑱ http://beautifulgame.com/10-making-a-great-pass/

⑲ http://www.whoateallthepies.tv/chelsea/2946/the_snapshot_sp.html

⑳ http://www.howcast.com/videos/514043-how-to-receive-a-ball-with-your-thigh-soccer-skills/

㉑ http://www.pomranka.net/soccertalk/003

㉒ http://thefootballguide.co.uk/long-pass-training/#prettyPhoto

㉓ http://www.huffingtonpost.kr/hyeongcheol-lim-/story_b_7945478.html

㉔ http://www.soccer-universe.com/side-foot-pass.html

㉕ http://www.aaanything.net/40160/pictorial/funny/sporting-soccer-football-moments/attachment/funny-sports-football-soccer-corner-kick-off/

Lesson 02 T-Ball

1st Period 1/4

- ❖ Introduction ········ ■ Warm up(6′)
- ❖ Development ········ ■ Look and listen(9′) → Practice together 1(15′)
- ❖ Consolidation ········ ■ Speak about us(5′) → Closing(5′)

Introduction Think together

Warm up (Motivation)

: 떠오르는 것을 마인드 맵으로 함께 간단히 그려보면서 통해 배울 내용을 예상하기

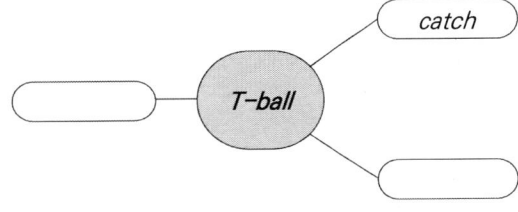

📖 이게 무엇을 하는 사진인지 누가 우리말로 말해볼 수 있어요?

(교사는 답변을 기다림)

그렇지요? T-ball은 야구를 초등학생들이 하기 쉽게 변형한 게임이에요. 재미있을 뿐만 아니라 체력도 좋아지지요.

T-ball은 단체 경기이기 때문에 무엇보다 중요한 것은 협력을 잘 해야 돼요. 그래서 개인기보다 더 중요한 것은 팀원끼리 공을 던지고 잡는 것 그리고 패스 해 주는 것이 중요합니다. catch라는 단어는 '공을 잡다'라는 의미에요. 그러면 공을 던지는 사람도 있겠지요? 카드를 보여주며...

English for Physical Activity

Object presentation

: 다 함께 오늘의 학습목표 확인하기.
- I can read and say Throwing, Catching, Moving, and Running in T-ball

공을 던지고 받는 동작을 하면서 영어로 이야기해 봅시다.

evelopment

[Expressions for teachers]

- What is T-ball? Can anyone tell me in Korean first?
- What else do you know about T-ball?
- Let's check what you are going to learn today. Let's read this together.
- Make pairs.
- Throw the ball and catch the ball with both hands.
- Next, throw the ball and catch the ball in place with one hand.

 Look and Listen

Introducing vocabulary and expressions

: 티볼관련 핵심 어휘와 표현 익히기

 여러분이 공을 던지고 받을 때 처음부터 넓은 대형으로 서면 힘들겠지요? 그래서 공을 던지고 받을 때 처음에는 두 사람이 공간을 좁게 하여 연습하다가 점점 더 넓게 펼치는 거예요. 받자마자 1루나 2루에 던져 줘야 하지요?(이 내용을 표현하는 카드를 보여주며...) 그래요 아주 잘 했어요. '받아서 던져주다' 이 말을 영어로는 어떻게 표현하는지 볼까요?

Catch and throw (카드를 보여 주며...).   그래요 아주 잘 했어요.

| Competition games | Lesson 2. T-Ball

T-ball의 기본 기능에는 어떤 것들이 있을까요? 그래요 T-ball을 잘 하려면 던지기, 받기, 패스, 그리고 '공을 방망이로 강하게 때릴 수 있는 능력'이 있어야 해요.

Words	Pictures	Words	Pictures
Throw the ball	②	Catch the ball	③
Move quickly	④	Run to catch	⑤

Basic T-ball Skills(아래 4개의 활동이 들어간 그림을 보여준다)
Throwing, Catching, Moving, Running(각각의 활동을 그리고 그림 하단에 단어로 표현해 준다)

여러분도 그림에서 보듯이 Throw는 공을 '던지다'라는 뜻으로 투수가 타자에게 공을 던질 때 쓰는 표현이지요. Catch는 '공을 잡다'라는 뜻으로 다른 사람이 던진 볼을 잡는 것을 말합니다. (때리다)'라는 의미로 타자가 투수가 던진 공을 방망이로 치는 것을 의미합니다.

자! 그러면 카드를 보며 누가 이 그림을 영어로 말해볼까요?
▷ Throw the ball to me.
▷ Throw a high fly ball
▷ Throw a fast fly ball line drive.
▷ Throw the ball (around your partner)
▷ Throw the ball to the left (to the right of your partner).

English for Physical Activity

T 자 그럼 공을 잡을 때를 표현해 볼까요? 여러 가지의 공을 잡게 되지요? 높이 날아 오는 볼, 땅에 닿았다가 솟아오르는 볼, 땅볼이 있습니다. 영어로 어떻게 표현하는지 볼까요?

▷ Catch the ball.
▷ Catch a bounced ball/ground ball.
▷ Catch a high flying ball.
▷ Move quickly (toward the ball).

 Practice together 1

T 자! 이제는 우리가 수업한 내용을 중심으로 여러분의 짝과 함께 여러분이 활동하면서 직접 표현해 보세요. 짝과 함께 여러분이 배운 말을 크게 영어로 떠드는 거예요. (그림카드를 큰 게시판에 부착하여 어린이들이 수시로 보고 말할 수 있게 한다)

| Practice the T-ball skills.

: 배운 표현 중 두 가지 기본 기술을 연습해 보기(부록 0활용)

▷ Throw the ball to me.
▷ Throw a high fly ball
▷ Throw a fast fly ball line drive
▷ Throw the ball (around your partner)
▷ Throw the ball to the left (to the right of your partner).
▷ Catch the ball carefully.
▷ Catch a bounced ball/ground ball.
▷ Catch a high flying ball.
▷ Move quickly toward the ball.

54

| Competition games | Lesson 2. T-Ball

Consolidation TALK Speak about us

Talk about myself.

: 자신이 잘 하는 것과 잘 하지 못하는 것을 확인하고 친구와 이야기 나누기

Grade :   Name :

Check list	Yes	No
• I can throw the ball accurately.		
• I can catch the ball easily.		
• I can run to the ball quickly.		
• I can move quickly toward the ball.		
• I can _____.		

[Expressions for teachers]

- Let's check what you can do well or need to practice more.
- Let's compare it with your friends.

Cooling Down Activity

🧑‍🏫 여러분 오늘 수업 재미있었나요? 네, 오늘 여러분 아주 잘 했어요. 그럼 이번 시간에 진행한 수업내용을 중심으로 정리를 한번해볼까요?

- 티볼의 기본기는 Basic T-ball Skills이라고 했어요. 그리고 이를 구성하는 기술은 Throwing, Catching, Sending, hitting이라고 했지요? 그러면 우리가 활동한 내용을 카드를 보면서 정리해 볼까요? 그림카드를 보여 주며 학생들이 이번시간에 한 활동을 정리하도록 한다.

🧑‍🏫 이번 시간에 여러분 너무너무 잘했어요. 다음시간에는 공을 찰 때 어떻게 차야할지에 대해서 알아보도록 해요.

English for Physical Activity

2nd Period 2/4
- ❖ Introduction ········ ■ Warm up(5′)
- ❖ Development ······ ■ Practice together 2(30′)
- ❖ Consolidation ····· ■ Closing(5′)

Introduction Warm up

🗣 Hello, everybody!
How do you feel today?
Very good.

Review

: 지난 시간에 배운 표현 복습하기

🗣 Do you remember the expressions or words from last class?

Object presentation

: 다 함께 오늘의 학습목표 확인하기.

> 배트를 휘두르고 공을 치는 동작을 하면서 영어로 이야기해 봅시다.

🗣 Today, we are going to learn how to swing the bat and hit the ball.
When you swing the bat, keep your eye on the ball.
To hit the ball farther, what part of the ball you must hit?
Top-down or Down-top? Down-top goes farther.

| Competition games | Lesson 2. T-Ball

 **Learn more**

 Introducing bating techniques.

: 배팅을 잘 하기 위한 기술 익히기

🗣 이것은 무엇을 하는 사진인지 누가 우리말로 말해볼 수 있어요? (교사는 답변을 기다림)

그렇지요? OO선수가 홈런을 치는 모습이에요.

여러분도 홈런을 치면 기분을 어떨지 생각해 볼까요?

▸ Development ◂

[Expressions for teachers]

- When you hit the bottom of the ball, the ball flies too high.
- When you hit the top of the ball, it becomes a ground ball.
- So hit the middle of the ball.

🗣 고정된 공을 타자가 멀리 쳐내는 연습을 하도록 하겠습니다. 야구와는 달리 투수가 던져 주는 공을 치는 것이 아니라 받침대 위에 있는 공을 치는 것이니까 훨씬 쉽지요? 자 그럼 공을 치는 연습을 하겠습니다. 사람이 없는 곳으로 공을 보내야겠지요? 사람이 없는 곳이 어딜까를 상상하면서 공을 쳐보도록 하겠습니다. 사람이 없는 곳으로 공을 치세요를 어떻게 표현 할까요? Hit

English for Physical Activity

the ball to the empty spot.

🔟 공을 때리다 (카드를 보여 주며...). 그래요 아주 잘 했어요.

🔟 T-ball의 기본 기능에는 어떤 것들이 있을까요? 그래요 T-ball을 잘 하려면 공을 던지고, 잡는 것 뿐만 아니라 '공을 방망이로 강하게 때릴 수 있는 능력'이 있어야 하겠지요? 자 그럼 공을 때리는 것을 그림을 통해 살펴보도록 하겠습니다.

Words	Pictures	Words	Pictures
Swing the bat	⑦	Hit the ball	⑧
Remember down-top	⑨	Turn your body	⑩

▷ Basic T-ball Skills(아래 4개의 활동이 들어간 그림을 보여준다)
▷ Swing, Hitting, Turning
 (각각의 활동을 그리고 그림 하단에 단어로 표현해 준다)

🔟 여러분도 그림에서 보듯이 Swing은 방망이를 '휘두르다'라는 뜻으로 혼자 공을 치기 위해 방망이를 휘두르는 것을 의미합니다. Hit은 '공을 치다'라는 뜻으로 티 위에 있는 볼을 때리는 것을 말합니다. 공을 멀리 보내는 것이 낫겠지요? 그럼 공을 세게 치다라는 말은 영어로 어떻게 표현 할 수 있을까요? Hit the ball harder. 또한 공을 멀리 보내기 위해서는 몸의 회전도 필요하겠지요? 그럼 '몸을 돌리다'라는 표현은 영어로 어떻게 할까요? 네 그렇지요. Turn your body라고 하면 되지요. 이제 몸을 완전히 회전하면 자동적으로 완전한 스윙이 나오겠죠. Make a full swing. 또한 공은 어디를 치는 것이 멀리 날아갈까요? 아래? 위? 네 약간 아래쪽 부분을 위로 쳐 올리면 됩니다. 그런 표현을 영어로 Remember down-top이라고 하면 됩니다.

Competition games | **Lesson 2. T-Ball**

그러면 전체를 정리해 볼까요?
자! 그러면 카드를 보며 누가 이 그림을 영어로 말해볼까요?

[Expressions for teachers]

- Pass~~
- I miss the ball.
- You need to turn your body fully.
- You should hit the middle of the ball
- Put it down gently.

▷ Swing the bat quickly.   방망이를 빨리 휘두르세요.
▷ Make a full swing.   완전히 스윙을 하세요.
▷ Turn your body fully.   몸을 완전히 돌리세요.
▷ Hit the middle of the ball.   공의 가운데를 치세요.
▷ Remember down-top.   아래서 위래 치는 것을 기억하세요.

Practice together 2

How can we bat better without a foul?

Practice the T-ball skills.

: 배운 표현 중 두 가지 기본 기술을 연습해 보기(부록 0활용)
▷ Swing the bat quickly.
▷ Make a full swing.
▷ Turn your body fully.
▷ Hit the middle of the ball
▷ Remember down-top.

English for Physical Activity

Consolidation Closing

Review / Introducing about next lesson
: 배운 표현 복습하고 다음 차시 예고

Cooling Down Activity
: 정리 운동 하기

| Competition games | Lesson 2. T-Ball

3rd Period 3/4

- ❖ Introduction ······ ■ Warm up(5′)
- ❖ Development ······ ■ Read & Think(6′) → Play together(15′)
  → Teach & Help(9′)
- ❖ Consolidation ······ ■ Closing(5′)

Introduction Warm up

Review

: 2차시에 배운 내용 복습하기.

Object presentation

: 다 함께 오늘의 학습목표 확인하기.

> 공을 던지고 받는 동작을 하면서 영어로 이야기해 봅시다.

Development

[Expressions for teachers]

- hit the ball to the empty spot
- catch and throw the ball
- keep your position
- keep your eyes on the ball

61

English for Physical Activity

 Read & think

▌ Learning how to play T-ball

: 읽기자료를 통해 멀리뛰기를 잘하는 방법 이해하기

⟨Let's read!⟩ 3 ways to T-ball
I can catch and throw the ball.
I can steal the base.
Keep your position

◉ T-ball의 기본 기능에는 어떤 것들이 있을까요? 그래요 T-ball을 잘 하려면 던지기, 받기, 패스, 그리고 '공을 방망이로 강하게 때릴 수 있는 능력'이 있어야 해요.

◉ Catch and throw, Hit, throw, Keep, Steal (각각의 활동을 그리고 그림 하단에 단어로 표현해 준다)
자! 그러면 카드를 보며 누기 이 그림을 영이로 말해볼까요?

▷ Hit the ball to the empty spot.   비어 있는 곳으로 공을 치세요.
▷ Keep your eyes on the ball.   볼에서 눈을 떼지 마세요.
▷ Throw it to the first base.   공을 1루로 송구하세요.
▷ Catch and throw it home.   공을 잡아서 홈으로 송구하세요.
▷ Steal a base.   도루하세요.
▷ Keep your position.   자기자리를 지키세요.
▷ Run to the second base.   2루로 뛰세요.
▷ Stop there.   거기서 멈추세요.

Practice together

 자! 이제는 우리가 수업한 내용을 중심으로 여러분의 짝과 함께 여러분이 활동하면서 직접 표현해 보세요. 짝과 함께 여러분이 배운 말을 크게 영어로 떠드는 거예요. (그림카드를 큰 게시판에 부착하여 어린이들이 수시로 보고 말할 수 있게 한다)

Action game.

: 두 팀으로 나누어 던지고 받는 게임을 해보기
- Catch and throw
- Steal the base

 **Closing**

Review / Introducing about next lesson

1. 교사가 올바른 던지고 받기 시범보이기
2. 배운표현 복습하고 다음 차시 예고

Cooling Down Activity

: 정리 운동 하기

[Expressions for teachers]

- Let's check what you can do well or need to practice more.
- Let's compare it with your friends.

English for Physical Activity

4th Period 4/4

❖ Introduction ········ ■ Warm up(6′)
❖ Development ········ ■ Speak & play(20′) → On your own(8′)
❖ Consolidation ········ ■ Closing(6′)

Introduction Warm up

Review

: 그동안 배운 단계를 되돌아보며 표현 복습하기
 (멀리뛰기에 대해 아는 것 말해보기)

Object presentation

: 다 함께 오늘의 학습목표 확인하기.
 • Let's do a long jump using what we have learned.

Development

[Expressions for teachers]

• Today, We are going to play a real game.   오늘은 진짜 게임을 할게요.
• Aren't you excited?   기쁘지 않나요?
• Let's play in groups of ten.   10명 1조로 시합을 해보지요.
• We are going to use first-base, second-base, and home.
                                               1루, 2루와 홈이 다입니다.
• Let me tell you about the scoring system.
                                               점수체계에 대해 말해드리겠습니다.
• When you get to first base, you'll get one run.
                                               1루에 도착하면 1점을 얻게 됩니다.

• When you get to the second base, you'll get two runs.
                                               2루에 도착하면 2점을 얻게 됩니다.

| Competition games | Lesson 2. T-Ball

- When you get home, you'll get three runs.
  홈에 도착하면 3점을 얻게 됩니다.
- After 5 minute-warm up, we'll start the game.
  5분간 몸을 푼 후에 게임을 시작하겠습니다.

Speak & Play

 Let's play t-ball together

: 그동안 익힌 표현을 사용하여 친구들과 실제 T-ball 해보기

[Expressions for teachers]

- Great job!
- Good catch! John
- Run to second-base.
- Stop at first base.
- Hit the ball to third base.
- Hit a ground ball.
- Catch the ball carefully.
- Keep your eyes on the ball.
- One more run, we will win.
- Cheer up! Hooray!
- Throw it home quickly.
- Go back to your base.

Evaluating

: Checklist 를 통해 오늘의 참여도와 관련하여 자기 평가 해보기

English for Physical Activity

 On your own

▌ Lesson review

: T-ball 용어, 던지고 받고 치기를 잘하는 방법에 관해 정리하기
(모둠별 발표-자료제시 / 시범보이기)

Consolidation **Closing**

▌ Review / Introducing about next lesson

: 배운 표현 복습하고 다음 차시 예고

▌ Cooling Down Activity

: 정리 운동 하기

| Competition games | Lesson 2. T-Ball

① http://waterdownminorbaseball.com/Page.asp?n=87971&org=WATERDOWNMINORBASEBALL.COM

② http://www.littleleague.org/Page55831.aspx

③ http://www.georgewbushlibrary.smu.edu/Photos-and-Videos/Photo-Galleries/Tee-Ball.aspx

④ https://www.linkedin.com/pulse/lessons-life-what-coaching-t-ball-taught-me-can-teach-andy-yasutake

⑤ http://www.georgewbushlibrary.smu.edu/Photos-and-Videos/Photo-Galleries/Tee-Ball.aspx

⑥ http://www.georgewbushlibrary.smu.edu/Photos-and-Videos/Photo-Galleries/Tee-Ball.aspx

⑦ https://www.youtube.com/watch?v=jUDsOkGwPHk

⑧ https://www.youtube.com/watch?v=jUDsOkGwPHk

⑨ https://www.youtube.com/watch?v=jUDsOkGwPHk

⑩ https://www.youtube.com/watch?v=jUDsOkGwPHk

⑪ http://waterdownminorbaseball.com/Page.asp?n=87971&org=WATERDOWNMINORBASEBALL.COM

⑫ http://primarytech.global2.vic.edu.au/category/presentation/

⑬ http://www.cityofcalabasas.com/community-services/leagues/tball/information.html

Lesson 03 Tennis

> **1st Period 1/4**
> ❖ **Introduction** ········ ■ Warm up(6′)
> ❖ **Development** ······ ■ Look and listen(9′) → Practice together 1(15′)
> ❖ **Consolidation** ····· ■ Speak about us(5′) → Closing(5′)

Introduction   Think togeter

| Warm up(Motivation) |

🅣 이게 무엇을 하는 사진인지 누가 우리말로 말해볼 수 있어요?
(교사는 답변을 기다림)
그렇지요? 테니스죠? 테니스는 코트가 있어야 칠 수가 있지요. 라켓의 무게가 있기 때문에 처음에 배우기가 조금 까다롭지만 배워보면 재미있는 운동이라는 것을 알 수 있습니다. 테니스는 라켓을 갖고 하는 스포츠로 혼자서 상대방과 겨루는 개인 스포츠라고 할 수 있지요. 그래서 개인의 기술과 전략이 필요하겠지요. 일단 라켓을 사용하기 때문에 구기운동에 비해 자세 문제가 조금 복잡하답니다…(테니스 기본자세를 보여주며…)

| Competition games | Lesson 3. Tennis

Object presentation

: 다 함께 오늘의 학습목표 확인하기.
- Today, we'll learn about tennis. How many of you have played tennis?

테니스 라켓 그립의 방법과 자세에 대해 알 수 있다.

[Expressions for teachers]

- Let's start with basic foot skills.
- Spread out for warming up
- Jog around the court twice
- Jog toward the net
- Backpedal away from the net
- Shuffle steps

 Look and Listen

Introducing vocabulay and expressions

: 테니스관련 핵심 어휘와 표현 익히기

📖 많은 사람들이 테니스를 손힘만 세면 할 수 있다고 생각하는데요. 그렇지 않습니다. 테니스를 잘하려면 빠른 발동작이 필요하지요. 즉 스텝과 기본 발동작을 잘 배워야 합니다.
(Shuffle steps은 그림으로 보여주여야 함)

◉ 기본 스텝
Shuffle steps to get to the ball

English for Physical Activity

Move your feet quickly

Shift your weight (from back foot to front foot)

◉ 그립잡는 방법

Use an eastern grip.

Shake hands with the racquet.

◉ 테니스 준비자세

shake hands with the racquet

Start your stroke early

테니스의 기본 자세에는 어떤 것들이 있을까요? 그래요 테니스를 잘 하려면 정확한 스텐스와 라켓을 잘 잡고 스윙을 잘 해야겠지요. 라켓 쥐는법, 스텝을 정확히 할 수 있어야 해요.

Words	Pictures	Words	Pictures
③ Shuffle steps		④ Shake hands with the racquet	
⑤ Hold eastern grip.		⑥ prepare the racquet early	

여러분도 그림에서 보듯이 shuffle steps는 발을 끌면서 옮기는 것을 말합니다. 또한 라켓을 잡을 때에는 마치 악수하듯이 잡아야 하므로 shake hands with the racquet이라는 표현을 쓴 것이지요. 라켓은 공을 치기 전에 미리 준비해야 하므로 prepare the racquet early는 표현도 필요하지요?
자! 그러면 카드를 보며 누가 이 그림을 영어로 말해볼까요?
다음 카드에 있는 말을 영어로 표현해 볼까요?

▷ Shuffle steps to get to the ball
▷ Use an eastern grip.
▷ Shake hands with the racquet.
▷ Move your feet quickly
▷ Start your stroke early
▷ Shift your weight (from back foot to front foot)

Practice together

자! 이제는 우리가 수업한 내용을 중심으로 여러분의 짝과 함께 여러분이 활동하면서 직접 표현해 보세요. 짝과 함께 여러분이 배운 말을 크게 영어로 떠드는 거예요. (그림카드를 큰 게시판에 부착하여 어린이들이 수시로 보고

English for Physical Activity

말할 수 있게 한다)

Practice the Tennis skills.

: 배운 표현 중 두 가지 기본 기술을 연습해 보기(부록 0활용)

▷ Use shuffle steps to get to the ball
▷ Use eastern grip.
▷ Shake hands with the racquet.
▷ Move the feet quickly
▷ Start your stroke early
▷ Shift your weight (from back foot to front foot)

Consolidation TALK Speak about us

Talking about myself.

: 자신이 잘 하는 것과 잘 하지 못하는 것을 확인하고 친구와 이야기 나누기

Grade :   Name :

Check list	Yes	No
• I can shuffle steps quickly.		
• I can shake hands with the racquet.		
• I can start my stroke early.		
• I can shift my weight (from back foot to front foot).		
• I can _____.		

[Expressions for teachers]

• Let's check what you can do well or need to practice more.
• Let's compare it with your friends.

Cooling Down Activity

🧑‍🏫 여러분 오늘 수업 재미있었나요? 네, 오늘 여러분 아주 잘 했어요. 그럼 이번 시간에 진행한 수업내용을 중심으로 정리를 한번해볼까요?

- 테니스에서 중요한 것은 무엇이라고 했지요? 네 맞아요. 자세예요. 스텝, 몸통 회전과 라켓스윙, 무게중심 이동까지 쉽지는 않지요? 또 팔을 너무 굽히면 안되지요? 그러면 우리가 활동한 내용을 카드를 보면서 정리해 볼까요?

🧑‍🏫 이번 시간에 여러분 너무너무 잘했어요. 다음시간에는 Fore-hand를 배워볼께요.

English for Physical Activity

2nd Period 2/4
- ❖ Introduction ········ ■ Warm up(5′)
- ❖ Development ········ ■ Practice together 2(30′)
- ❖ Consolidation ········ ■ Closing(5′)

Introduction Warm up

ℹ Hello, everybody!
How do you feel today?
Very good.

Review

: 지난 시간에 배운 표현 복습하기

ℹ Do you remember the expressions or words from last class?

Object presentation

: 다 함께 오늘의 학습목표 확인하기.

> 포핸드 동작을 하면서 영어로 이야기해 봅시다.

ℹ Today, we are going to learn how to forehand stroke.
First, we'll focus on stroke and follow-through
Look at my stroke and follow-through.
Okay! everybody! hold the racquet firmly.
We will learn how to handle the racquet.
racquet back-swing-follow through

74

Competition games ｜ Lesson 3. Tennis

Development

Learn more

Introducing forehand stroke.

: 포핸드를 잘하기 위한 기술 익히기

🔹 이것은 무엇을 하는 사진인지 누가 우리말로 말해볼 수 있어요?

(교사는 답변을 기다림)

그렇지요? 00선수가 포핸드 스트로크를 치는 모습이에요.

여러분도 이선수처럼 멋있게 포핸드를 하고 싶지않나요?

▶ Development ◀

[Expressions for teachers]

- swing upward and forward
- make contact in front

테니스관련 핵심 어휘와 표현 익히기

🔹 racquet back, swing, follow-through (이 내용을 표현하는 카드를 보여주며...) 그래요 아주 잘 했어요. '공을 몸 앞에서 치다'라는 말은 영어로는 어떻게 표현하는지 볼까요? Make contact in front

🔹 (카드를 보여 주며...). 그래요 아주 잘 했어요.

English for Physical Activity

Words	Pictures	Words	Pictures
up-then-down loop	⑧	Swing upward and forward	⑨
Make contact in front	⑩	Hit through the ball	⑪

T 여러분도 그림에서 보듯이 Swing은 방망이를 '휘두르다'라는 뜻으로 혼자 공을 치기 위해 방망이를 휘두르는 것을 의미합니다. Hit은 '공을 치다'라는 뜻으로 티 위에 있는 볼을 때리는 것을 말합니다. 공을 멀리 보내는 것이 낫겠지요? 그럼 공을 세게 치다라는 말은 영어로 어떻게 표현 할 수 있을까요? Hit the ball harder. 또한 공을 멀리 보내기 위해서는 몸의 회전도 필요하겠지요? 그럼 '몸을 돌리다'라는 표현은 영어로 어떻게 할까요? 네 그렇지요. Turn your body라고 하면 되지요. 이제 몸을 완전히 회전하면 자동적으로 완전한 스윙이 나오겠죠. Make a full swing. 또한 공은 어디를 치는 것이 멀리 날아갈까요? 아래? 위? 네 약간 아래쪽 부분을 위로 쳐 올리면 됩니다. 그런 표현을 영어로 Remember down-top이라고 하면 됩니다. 그러면 전체를 정리해 볼까요?

T 여러분도 그림에서 보듯이 up-then-down loop with racquet head라는 의미는 라켓머리 부분이 위에 있다가 공을 칠 때는 내려와서 땅과 수평을 이루고 다시 위로 올라가는 모습을 up-then-down loop이라고 합니다. 스윙할 때는 위로 앞으로 해야하지요. 영어로 어떻게 표현하지요? 네 swing upward and forward라고 하지요. 공은 몸 앞쪽에서 쳐야 하지요. 그래서 공을 앞에서 맞히다(치다)라는 표현은 어떻게 할까요? 네 make contact in front라고 해요. 공을 치고는 끝까지 마무리 동작을 하지요? 그것을 hit through the ball 이라고 표현합니다.

자! 그러면 카드를 보며 누가 이 그림을 영어로 말해볼까요?

▷ Pull the racquet back early

| Competition games | Lesson 3. Tennis

▷ Up-then-down loop (with racket head)
▷ Swing upward and forward
▷ Hit through the ball
▷ racquet back-swing-follow through

 Practice together 2

How can we do forehand stroke?

자! 이제는 우리가 수업한 내용을 중심으로 여러분의 짝과 함께 여러분이 활동하면서 직접 표현해 보세요. 짝과 함께 여러분이 배운 말을 크게 영어로 떠드는 거예요. (그림카드를 큰 게시판에 부착하여 어린이들이 수시로 보고 말할 수 있게 한다)

Practice the forehand skills.

: 배운 표현 중 두 가지 기본 기술을 연습해 보기(부록 0활용)

▷ Take the racquet back early
▷ Up-then-down loop with racquet head
▷ Swing upward and forward
▷ Make contact in front (of your left foot)
▷ Up, out toward net, and across (for eastern grip)

 **Closing**

Review / Introducing about next lesson

: 배운 표현 복습하고 다음 차시 예고

Cooling Down Activity

: 정리 운동 하기

English for Physical Activity

3rd Period 3/4

❖ Introduction ······ ■ Warm up(5′)
❖ Development ······ ■ Read & Think (6′) → Play together(15′)
                         → Teach & Help(9′)
❖ Consolidation ······ ■ Closing(5′)

Introduction Warm up

Review

: 2차시에 배운 내용 복습하기.

Object presentation

: 다 함께 오늘의 학습목표 확인하기.

> 짝과 함께 포핸드 연습을 할 수 있다.

Development

[Expressions for teachers]

• Until now we've learned forehand stroke without a ball.
• Today, we'll practice it with a ball.
• When I drop the ball, you hit the ball

| Competition games | Lesson 3. Tennis

 Read & think

Learning how to forehand stroke.

: 읽기자료를 통해 포핸드를 잘하는 방법 이해하기

	<Let's read!> 3 ways to Tennis
	Drop the ball
	keep your hips low
	shuffle and slide

여러분도 그림에서 보듯이 그러면 전체를 정리해 볼까요?

자! 그러면 카드를 보며 누가 이 그림을 영어로 말해볼까요?

▷ Ready, one, two
  - Ready means basic position
  - One means preparing the stroke or one means setting up to hit the ball.
  - Two means hitting the ball
▷ Shuffle and slide without crossing your feet.   그림 필요
▷ Keep your hips low to the ground.
▷ Drop the ball
▷ Throw the ball
▷ Hit the bounced ball

 Practice together

자! 이제는 우리가 수업한 내용을 중심으로 여러분의 짝과 함께 여러분이 활동하면서 직접 표현해 보세요. 짝과 함께 여러분이 배운 말을 크게 영어로

English for Physical Activity

떠드는 거예요. (그림카드를 큰 게시판에 부착하여 어린이들이 수시로 보고 말할 수 있게 한다)

Action game

: 두명이 짝이 되어 한명은 공을 떨어뜨려주거나 던져주고 나머지 한명은 포핸드 스트로크로 공을 친다.

- Ready, one, two
- Ready means basic position
- One means preparing the racquet back
- Two means hitting the ball
- Shuffle and slide without crossing your feet.
- Keep your hips low to the ground.

⑬

Consolidation Closing

Review / Introducing about next lesson

1. 교사가 올바른 던지고 치기 시범보이기
2. 배운표현 복습하고 다음 차시 예고

Cooling Down Activity

: 정리 운동 하기

| Competition games | Lesson 3. Tennis

4th Period 4/4

❖ Introduction ········ ■ Warm up(6′)
❖ Development ········ ■ Speak & play(20′) → On your own(8′)
❖ Consolidation ········ ■ Closing(6′)

Introduction 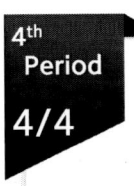 Warm up

Review

: 그동안 배운 단계를 되돌아보며 표현 복습하기
 (테니스에 대해 아는 것 말해보기)

Object presentation

: 다 함께 오늘의 학습목표 확인하기.
 • Let's play the tennis game..

Development

[Expressions for teachers]

• Today, We are going to play a real game.   오늘은 진짜 게임을 할게요.
• Aren't you excited?   기쁘지 않나요?
• Let's play in groups of two.   2명 1조로 시합을 해보지요.
• After 5 minute-warm up, we'll start the game.
   5분간 몸을 푼 후에 게임을 시작하겠습니다.

English for Physical Activity

Speak & Play

Let's play tennis together

: 그동안 익힌 표현을 사용하여 친구들과 실제 포핸드 스트로크 해보기

⑭

Evaluationg

: Chechlist를 통해 오늘의 참여도와 관련하여 자기 평가 해보기

On your own

Lesson review

: Tennis 용어, 스텝, 스탠스, 포핸드를 잘하는 방법에 관해 정리하기
(모둠별 발표-자료제시 / 시범보이기)

⑮

⑯

Competition games | Lesson 3. Tennis

Consolidation  Closing

Review / Introducing about next lesson
: 배운 표현 복습하고 다음 차시 예고

Cooling Down Activity
: 정리 운동 하기

English for Physical Activity

Image Source

① http://aispantherexpress.com/2016/04/10/maria-sharapova/
② http://www.jezgreen.com/explosive-movements
③ http://www.optimumtennis.net/tennis-footwork-training.htm
④ http://www.tenniscompanion.org/tennis-serve-grip-technique/
⑤ http://news.bbc.co.uk/sport2/hi/tennis/skills/4230340.stm
⑥ https://www.nmnathletics.com//share/ViewPhoto.dbml?ATCLPID=&ATCLID=210879355&SPSID=46534&SPID=4229&IN_SUBSCRIBER_CONTENT=&DB_LANG=C&DB_OEM_ID=10600&LOAD_IMAGE_ID=212251129&LOAD_IMAGE_SIZE=400
⑦ http://khelmart.org/forehand-and-backhand-tennis-shots/
⑧ http://www.feeltennis.net/learning-technique-adults-kids/
⑨ http://www.optimumtennis.net/reverse-forehand-followthrough.htm
⑩ http://www.stevegtennis.com/analyzing-roger-federers-forehand-technique/
⑪ http://www.optimumtennis.net/reverse-forehand-followthrough.htm
⑫ https://www.perfect-tennis.com/tennis-techniques/federer-forehand-analysis/
⑬ http://www.feeltennis.net/tennis-forehand-contact-point/
⑭ http://bleacherreport.com/articles/2170696-us-open-tennis-2014-championship-odds-predictions-for-top-contenders
⑮ http://primarytech.global2.vic.edu.au/category/presentation/
⑯ https://www.youtube.com/watch?v=pVGvgmwrcxo

Lesson 04 Basketball

1st Period 1/4

- **Introduction** ······ ■ Warm up(6′)
- **Development** ······ ■ Look and listen(9′) → Practice together 1(15′)
- **Consolidation** ······ ■ Speak about us(5′) → Closing(5′)

Introduction

🅣 Hello, class?
How are you today? Good to see you again.

Warm up

🅣 What is she/he doing in the picture?   그림에서 무엇을 하고 있나요?
Yes, that's right. She/He is dribbling.   네, 맞아요. 드리블을 하고 있어요.
Have you ever played basketball before?   농구를 해 본 적이 있나요?

🅣 농구는 골대만 있으면 비교적 좁은 공간에서 할 수 있는 운동이에요. 개인기도 중요하지만, 단체 경기이기 때문에 무엇보다 중요한 것이 친구와의 협력이에요.

English for Physical Activity

Think together (Lesson orientation)

: 떠오르는 것을 마인드 맵으로 함께 간단히 그려보면서 통해 배울 내용을 예상하기

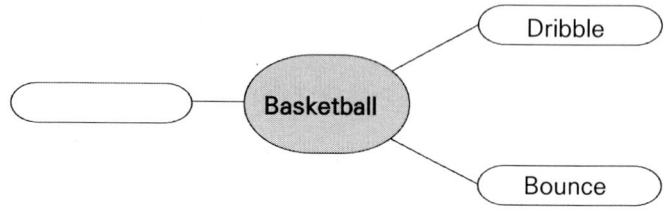

When you think of 'basketball', what comes to your mind?
농구를 생각하면 무엇이 떠오르나요?

Can anyone tell me about 'basketball'? 누가 농구에 대해 말해 볼까요?

When we play basketball you should know about dribble, pass, shoot.
농구 경기를 하려면 드리블, 패스, 슛에 대해 알아야 해요.

Object presentation

: 다 힘께 오늘의 학습목표 확인하기.

그럼 오늘 무엇을 배울지 알아볼까요?

Let's read this chorally. 다 같이 따라 읽어 봅시다.

• I can read the expressions about basic techniques in basketball.
Today, we are going to practice dribbling the ball.
오늘은 공을 드리블 하는 방법에 대해 연습할 거에요.

| Competition games | Lesson 4. Basketball

Development Look and Listen

Introducing vocabulary and expressions

: 농구 관련 핵심 어휘와 표현 익히기

What are the players doing in the picture?

그림에서 선수들이 뭘 하고 있나요?

Right, they hit the ball to their teammates.

맞아요. 선수들이 공을 쳐내고 있죠.

이건 'jump for the ball' 이라고 해요. 경기의 시작을 알리죠.

Then, what did I say about the important techniques of basketball?

그럼, 농구에서 중요한 기술에는 뭐가 있다고 했나요?

There are dribble, pass, and shooting. 드리블, 패스, 슛이 있어요.

그럼 공을 땅에 튕기는 건 뭐라고 할까요?

Yes, We call it 'bounce the ball'. 네, 우리는 이걸 공을 '바운스 한다'고 해요.

Let's look at picture cards we have. 다 같이 그림 카드를 봅시다.

좀 전에 배웠던 대로 공격권을 갖기 위해 공을 자기쪽으로 쳐내는 것을 'jump for the ball' 이라고 해요.

Then, what is this picture about? 그럼, 이 그림은 무엇에 관한 것인가요?

Dribble은 '공을 튕기면서 몰고 가는 것'을 말해요.

English for Physical Activity

공을 튕길 때 손바닥이 아니라 손가락을 사용해야지요? 이 표현을 영어로 어떻게 할까요?

Use your finger pads 라고 표현 하면 돼요.

Can you show me your finger pads?

이건 'pad of fingers'이에요. 선생님한테 자기 것을 보여줄래요?

Words	Pictures	Words	Pictures
jump for the ball	③	pass the ball	④
dribble the ball	⑤	use the pads of fingers	⑥
shoot	⑦	rebound	⑧

Who can read this sentence card? 누가 이 문장 카드를 읽어 볼까요?

- Jump for the ball.
- Use your finger pads.
- Dribble the ball.
- Pass the ball.

※ 교사가 함께 읽어 준다.

| Competition games | Lesson 4. Basketball

 Practice together 1

| **Practicing the techniques.** |

: 배운 표현 중 드리블 연습해 보기

🔸 Now, we are going to practice dribbling the ball.

　　　　　　　　　　　　　　　　　　지금부터 드리블에 대해 연습해 볼 거예요.

- Bounce the ball by snapping your wrist.

　　　　　　　　　　　　　　　　　　손목스냅을 이용해서 공을 튕기세요.

- Dribble the ball in the shape of a "V" with both of your hands.

　　　　　　　　　　　　　　　　　　볼을 양손으로 V자 형태로 드리블 하세요.

- Don't walk with the ball.　　　　　　볼을 잡고 걸어가지 마세요.
- Move your hands quickly.　　　　　　손을 빨리 움직이세요.
- Use your finger pads.　　　　　　　　손가락을 사용하세요.

Consolidation **Speak about us**

| **Talking about myself.** |

: 자신이 잘 하는 것과 잘 하지 못하는 것을 확인하고 친구와 이야기 나누기

🔸 Let's check what you have learned.　　배운 것을 확인해 봅시다.

Check what you can do well or need to practice more.

　　　　　　　　　　　잘 하는 것과 더 연습해야 하는 것을 확인해 보세요.

Let's compare it with your friends.　　그리고 친구와 비교해 보세요.
Use these key expressions.　　　　　이 표현들을 사용하도록 하세요.

89

English for Physical Activity

Grade :   Name :

Check list	Awesome	OK	Needs Improvement
• I can dribble the ball easily.			
• I can bounce the ball quickly.			
• I can use my finger pads.			

 Closing

Review / Introducing about next lesson

: 배운 표현 복습하고 다음 차시 예고

How did you like the class?   오늘 수업 어땠나요?

Did you enjoy dribbling?   드리블 하는 것이 즐거웠나요?

오늘 배운 농구의 기본 기술에 대해 정리해 볼까요?

Let's review the expressions with the cards.
                                               카드로 표현들을 복습해 봅시다.

Next class, we are going to learn about other techniques.
                                               다음 시간에는 다른 기술들을 배워볼거에요.

Cooling Down Activity

: 정리 운동 하기

Go with a partner and stretch your legs.
                                               짝을 찾아 다리 스트레칭을 하세요.

Shake your arms and legs.   팔과 다리를 흔들어 주세요.

| Competition games | Lesson 4. Basketball

2nd Period 2/4

- ❖ **Introduction** ······ ■ Warm up(5′)
- ❖ **Development** ······ ■ Practice together 2(20′)
- ❖ **Consolidation** ······ ■ Closing(5′)

Introduction

 Hello, everybody. Happy to see you again. Are you good today? Very good.

Warm up

Review

: 1차시에 배운 내용 복습하기. 농구 관련 표현 몇가지에 대해 그림과 단어를 사용해서 정리하기.

 Do you remember the expressions or words from last class?
　　　　　　　　　　　　　　　　지난 시간에 배운 표현이나 단어를 기억하나요?

Last time we practiced how to handle the ball and dribble the ball.　　지난 시간에 우리는 공을 어떻게 다루고 드리블 하는지 연습해 봤어요.
Very good. Right, Dribble, pass and shoot are important.
　　　　　　　　　　　　　　　좋아요. 드리블, 패스, 슛이 중요해요.
You can dribble and shoot alone.
　　　　　　　　　　　　여러분은 드리블과 슛을 혼자 할 수 있어요.
But, you cannot play basketball alone. You should do this to win the game.　하지만 농구는 혼자 할 수 없어요. 경기에 이기려면 이걸 해야 하죠.
What is it? Yes, It's the pass.　　그게 뭐에요? 맞아요. 패스에요.
There are two kinds of pass: chest pass /bounce pass.
　　　　　　　　　　패스에는 두 가지 종류가 있어요 : 체스트 패스, 바운스 패스

English for Physical Activity

체스트 패스

바운드 패스

Object presentation

: 다 함께 오늘의 학습목표 확인하기.

 오늘은 무엇을 배울까요?

Let's read this together.   다 함께 읽어 봅시다.
- I can say and do chest pass and bounce pass.

Today, we will practice these two kind of pass.

오늘은 이 두가지 패스를 연습해 볼 거에요

Development Learn more

Introducing how to 'chest pass', 'bounce pass'.

: 'chest pass'와 'bounce pass' 소개하기

Competition games | Lesson 4. Basketball

📢 Let's practice 'chest pass' and 'bounce pass'. I will model the technique for you.

체스트 패스와 바운스 패스를 연습해 봅시다. 선생님이 시범을 보여 줄게요.

• Spread your fingers, hands on sides of ball.

손가락을 쭉 펴세요, 공의 가장자리를 잡으세요.

• You should throw / catch the ball right above your chest.

공을 가슴 중앙 바로 위에서 던지세요 / 잡으세요.

• This time, I will bounce pass to my teammate.

공을 친구와의 사이에서 튕겨서 패스하세요.

• OO, Your're up! Can you help me?   OO, 일어났구나, 도와줄래?

• Stand there, catch my pass.   거기서 내 공을 받아봐.

📢 바운스 패스는 왜 할까요?

맞아요. 수비를 피할 수 있게 해줘요.

Pass Techniques
Spread your fingers, hands on sides of ball.
Throw / catch the ball right above your chest.
Bounce pass the ball to my team member.
Pass the ball quickly.

 Practice together 2

Practicing chest pass / bounce pass

: 체스트 패스와 바운스 패스 연습하기

📢 Now, make groups of four and pass the ball around.

4명씩 모둠으로 만들어 서로 패스하세요.

English for Physical Activity

Taking turns bounce pass and chest pass. 바운스 패스와 체스트 패스를 번갈아 하세요.

Pass the ball quickly! 공을 빠르게 패스해 보세요.

One student will be a defender and try to steal the ball. 한명은 수비가 되어 공을 뺏어 보세요.

Try 10 times. 10분 동안 해 보세요.

Look how your friends are doing. 친구들이 어떻게 하는지 보세요.

Consolidation Closing

Review / Introducing about next lesson

: 배운 표현 복습하고 다음 차시 예고

Let's review what we have learned today. 오늘 배웠던 것을 복습해 봅시다.

What kind of pass was easier? 어느 패스가 쉬웠나요?

Why do we pass the ball?   왜 패스를 하나요?
You can explain it in Korean.   한국말로 설명해도 돼요.

Cooling Down Activity

: 정리 운동 하기

1. Make a Circle.   원을 만드세요.
Shake ankles and kneejoints, hipjoint, shoulders and neck.
     발목과 무릎, 엉덩이(관절), 어깨, 목을 돌려주세요.
Follow my order.   선생님의 구령을 따라서 해 주세요.

English for Physical Activity

3rd Period 3/4

- ❖ Introduction ········ ■ Warm up(5′)
- ❖ Development ········ ■ Read & Think (10′) → Play together(20′)
- ❖ Consolidation ········ ■ Closing(5′)

Introduction

 Hello class. How do you feel today?
Feel like playing basketball?

 Warm up

Review

: 2차시에 배운 내용 복습하기.

 Last time we learned about passing. Did you understand how to do it?　　지난 시간에는 패스에 대해서 배워봤어요. 이제 익숙해 졌나요?
What kinds of passing did we practice?　　어떤 패스를 연습했나요?

Object presentation

: 다 함께 오늘의 학습목표 확인하기.

 Let's read this together.　　다 같이 읽어 봅시다.
- I can say and do shooting, blocking, stealing, and rebounding in basketball.

Today, we will learn shooting, rebounding, and stealing.
　　오늘은 슛과 리바운드, 공뺏기에 대해서 배울거에요.

Shooting is the most important technique of basketball.
　　슛은 농구의 가장 중요한 기술이라고 할 수 있어요.

| Competition games | Lesson 4. Basketball

 **Read & think**

> Learning how to win the game.

: 읽기자료를 통해 농구 경기에서 이기는 방법 이해하기

📖 Let's read these sentences about the secrets to win the basketball game.

농구에서 이기기 위한 비밀에 관한 문장들을 읽어 봅시다.

⟨Let's read!⟩ 5 ways to win the basketball game.
Block the shooting guard.
Steal the ball.
Try to shoot as quickly as possible.
Rebound the ball quickly.
Practice making free-throws.

📖 Rebound는 무슨 의미일까요? 슛을 했지만 링에 들어가지 않은 볼은 잡는 것을 말해요. 그러면 Block과 Steal은 수비수에게 필요한 기술이겠지요? Block은 공격수를 막는 것을 말하거든요.
What does 'steal' mean? Steal은 무슨 뜻인가요?
Steal은 '훔치다' 라는 뜻이에요. Steal은 공격수에게서 공을 빼앗는 것을 말하지요.

 Play together

> Mini game : "Let's steal the ball"

📖 Let's play a game. 게임을 해 봅시다.
Get into groups of 4 and go to each square.
4명씩 한 모둠을 만들어 각자 정해진 지역으로 들어가세요.
Do rock-scissors-papers. 가위바위보를 하세요.

English for Physical Activity

One will be a defender and the other members will pass around.
한명은 수비가 되고, 나머지는 서로 패스를 하세요.

Keep dribbling. 계속해서 드리블을 하세요.

If the defender steals the ball. Whomever lost the ball will be the new defender 수비가 공을 뺏으면 공을 빼아긴 사람이 새로운 수비가 됩니다.

If a player steps out of the area that person becomes another defender. 정해진 지역을 벗어나면 그 사람도 수비가 될 수 있습니다.

If a player walks more than 3 steps not bouncing the ball, or holds the ball for more than 3 seconds, that person becomes another a defender. 공을 튕기지 않고 세 걸음이상 걷거나 공을 잡고 3초 이상 있으면 그 사람도 수비가 될 수 있습니다.

Consolidation Closing

Review / Introducing about next lesson

: 배운 표현 복습하고 다음 차시 예고

- Did you have fun? 재미있었나요?

  Look at what I'm doing. 선생님이 어떻게 하는지 다시 한번 보세요.

  ※ 네 가지 기술에 대해서 다시 한번 시범만 보여준다.

- Can you explain about rebounding, shooting, blocking, stealing?
  리바운드, 슛, 블로킹, 스틸에 대해서 설명할 수 있나요?

Cooling Down Activity

: 정리 운동 하기

- Let's Walk together slowly around this area.
  함께 경기장 주변을 천천히 걸어 봅시다.

| Competition games | Lesson 4. Basketball

4th Period 4/4

- ❖ **Introduction** ······ ■ Warm up(6′)
- ❖ **Development** ······ ■ Speak & play(20′) → On your own(8′)
- ❖ **Consolidation** ······ ■ Closing(6′)

Introduction

 Good morning class. Anyone sick?
Is everyone ready to play basketball?
Very good.

Warm up

Review

: 그동안 배운 단계를 되돌아보며 표현 복습하기
(농구경기에 대해 아는 것 말해보기)

 Tell us everything you know about basketball.
　　　　　　　　　　　　　농구에 대해 배웠던 모든 것에 관해 얘기해 보세요.
That's right. We've learned a lot of techniques.
　　　　　　　　　　　　　맞아요, 우리는 많은 기술들을 배워왔어요.
Today, we're going to play a real game.
　　　　　　　　　　　　　오늘은 실제 경기를 해 볼 거에요.
Aren't you excited?　　　　　　　신나지 않나요?

Object presentation

: 다 함께 오늘의 학습목표 확인하기.

 What are we going to learn today?　　오늘 무엇을 배울까요?

English for Physical Activity

What do you want to do today?   오늘 뭘 하고 싶어요?
• Let's play basketball in teams.

 **Speak & Play**

| **Play together**

: 그동안 익힌 표현을 사용하여 친구들과 실제 농구경기 해보기

Let's play basketball together.   다 같이 농구 경기를 해 봅시다.
Make groups of 7 as fast as you can.   최대한 빨리 7명 1조로 만드세요.
Are you ready? Let's enjoy the game.   준비 됐나요? 게임을 즐겨보세요.
Don't forget to use the expressions we've learned.
　　　　　　　　　　　　　　　우리가 배운 표현 사용하는 것 잊지 마세요.

 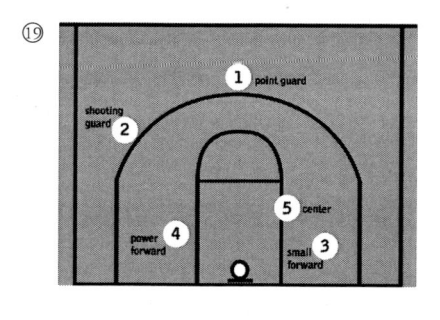

 On your own

| **Lesson review**

: 키워드를 통해 농구 기술 및 규칙에 관해 정리하기(그림과 카드 일치시키기)

100

| Competition games | Lesson 4. Basketball

👉 Let's match the picture cards with the word/expressions cards.

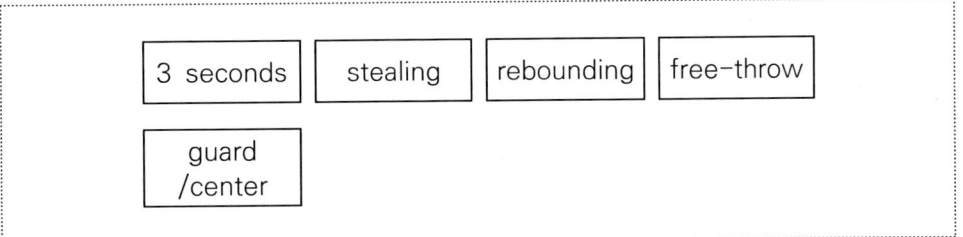

  **Closing**

Review / Introducing about next lesson

: 배운 표현 복습하고 다음 차시 예고

👉 Did you like playing basketball?   농구하는 것이 좋았나요?
How can you win the basketball game?
   어떻게 하면 농구경기에서 이길 수 있나요?

Cooling Down Activity

: 정리 운동 하기

👉 Let's stretch out your arms and legs.   팔과 다리를 쭉 뻗어 봅시다.

Image Source

① http://www.ncaa.com/news/basketball-men/article/2016-05-09/florida-basketball-gators-nuclear-engineering-program-helps

② https://apps.carleton.edu/athletics/varsity_sports/mens_basketball/photos/02232009/?image_id=507302

③ http://westernitasca.com/2015/02/11/huskie-girls-basketball/basketball-jump-ball/

④ http://edtech2.boisestate.edu/travisthurston/502/basketball/pass.html

⑤ http://westernitasca.com/2015/02/11/huskie-girls-basketball/basketball-jump-ball/

⑥ https://wordsonthebounce.wordpress.com/2011/07/01/tips-to-become-a-great-shooter/

⑦ http://knicksbrazil.blogspot.kr/2014_02_01_archive.html

⑧ http://www.zimbio.com/photos/Justin+Hamilton/Anthony+Davis/SEC+Basketball+Tournament+Quarterfinals/1QsPTJtpG0s

⑨ http://inspirationalbasketball.com/passing-basketball-drills/

⑩ http://www.connectamillionminds.com/campaigns/stem-in-sports/basketball

⑪ http://ocrainbasketball.com/youth-basketball-in-irvine/

⑫ http://verticaljumpprogramreviews.com/learning-basketball-drills-for-passing-the-ball/

⑬ http://24secondstolearn.blogspot.kr/2015/03/passing-fundamentals-i.html

⑭ https://www.youtube.com/watch?v=DuJ9XUqczsM

⑮ http://www.sthildas.org/page.cfm?p=796

⑯ http://www.stack.com/a/youth-point-guard-drills

⑰ http://quinnmeyer.blogspot.kr/2013/01/basketball-blog.html#!/2013/01/basketball-blog.html

⑱ http://basketballvictoria.com.au/basketball-pathway/

⑲ https://madridbasketball.wordpress.com/2014/12/25/understanding-basketball-positions/

Lesson 05 Volleyball

1st Period 1/4

- **Introduction** ······ ■ Warm up(6′)
- **Development** ······ ■ Look and listen(9′) → Practice together 1(15′)
- **Consolidation** ······ ■ Speak about us(5′) → Closing(5′)

Introduction

Hello, class?
How are you today? Good to see you again.

Warm up

What is this? Look at this picture.   이건 뭐죠? 이 그림을 보세요.
That's right. This is a volleyball.   이건 배구공이에요.
What is he/she doing in the picture?   그림에서 무엇을 하고 있나요?
Yes, that's right. She/He is bumping the ball.
                                                   네, 맞아요. 범핑을 하고 있어요.
You can play volleyball anywhere.   우리는 배구를 어디서나 할 수 있어요.
배구에서 제일 중요한건 공을 잡지도 바닥에 떨어뜨리지도 않는 거에요..

①

103

English for Physical Activity

Think together (Lesson orientation)

: 떠오르는 것을 마인드 맵으로 함께 간단히 그려보면서 통해 배울 내용을 예상하기

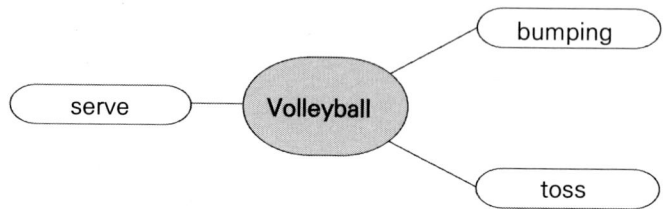

Can anyone tell me about the words or expressions used in 'volleyball'? 누가 배구와 관련된 단어나 표현에 대해 말해 볼까요?
When we play volleyball we need to should know about bumping, toss, spike. 배구 경기를 하려면 범핑, 토스, 스파이크에 대해 알아야 해요.

Object presentation

: 다 함께 오늘의 학습목표 확인하기.

그림 오늘 무엇을 배울지 알아볼까요?
Let's read this chorally. 다 같이 따라 읽어 봅시다.
• I can read and say the expressions about volleyball.

Development

 Look and Listen

Introducing vocabulary and expressions

: 배구 관련 핵심 어휘와 표현 익히기

Pick your ball. And do as I do. 자기 공을 잡으세요. 내가 하는 대로 해 보세요.
• Toss it up as high as you can reach. 공을 최대한 높게 토스해 보세요.

| Competition games | Lesson 5. Volleyball

- Make a flat platform with your hands. 손으로 평평한 면을 만드세요.
- Bump (pass it from your flat hitting surface), and catch it with your hands. 범프를 해서 손으로 잡아 보세요.
- Bump back and forth. 앞 뒤로 범프해 보세요.
- Toss, bump, and keep bumping.
  토스, 범프를 하세요. 계속 범핑을 하세요.
- Toss the ball with 2 hands to your partner's platform.
  짝의 손쪽으로 공을 토스해보세요.
- Pass the ball with a high arch to your partner.
  높은 아치를 그리도록 짝에게 패스해 보세요.

Let's look at picture cards we have. 다 같이 그림 카드를 봅시다.
좀 전에 배웠던대로 두 손을 모아서 공을 튀길 수 있도록 평평한 부분을 만드는 것을 'make a flat platform'이라고 해요.
그리고 그 면으로 튕기는 것을 'bump' 한다고 하고요.

What is this picture about? 그럼, 이 그림은 무엇에 관한 것인가요?
Who can toss this ball in the air the highest?
  누가 가장 높이 공을 공중으로 토스할 수 있나요?
Can you pick up the ball for me? 그 공 좀 집어 줄래요?

Words	Pictures	Words	Pictures
pick up the ball	②	Toss it in the air	③
bump(forearm pass) back and forth	④	Make a flat platform	⑤

English for Physical Activity

Words	Pictures	Words	Pictures
⑥ Pass it with a high arch		⑦ step forward / backward	

 Who can read this card?　　　　　누가 이 문장 카드를 읽어 볼까요?
- Bump back and forth.
- step forward / backward.
- Pass the ball with a high arch.

※ 교사가 함께 읽어 준다.

Practice together 1

Practicing the techniques.

: 배운 표현 중 범핑, 토스 연습해 보기

 Now, we are going to practice how to bump the ball and how to toss the ball in the air.

　　　　　　　　　　　　　　　　　　지금부터 범핑과 토스를 연습해 볼 거에요.
- Find your partner.　　　　　　　　　　　　　　짝을 찾으세요.
- Pick up the ball.　　　　　　　　　　　　　　공을 잡으세요.
- First, throw the ball to your partner. Your partner will catch the ball.　　　우선, 공을 짝에게 던지세요. 짝이 공을 잡을거에요.
- Then, bump the ball, using your platform.
　　　　　　　　　　　그리고 나서, 평평한 부분을 이용해서 범프하세요.
- Extend your arms and wrists towards your target.
　　　　　　　　　　　　목표를 향해서 팔과 손목을 펴세요.
- Bump back and forth gently.　　　앞뒤로 부드럽게 범프하세요.

| Competition games | Lesson 5. Volleyball

- Finally, toss the ball in the air individually.

  마지막으로, 개인별로 공중으로 공을 토스하세요.

- How many times can you toss the ball without losing it?

  몇 번이나 공을 놓치지 않고 토스할 수 있나요?

- Pass the ball with a high arch.

  높은 아치를 그리면서 공을 패스해 보세요.

- When you toss the ball, use the pads of your fingers.

  공을 토스할 때 손가락을 사용하세요.

※ 교사는 미리 아동들의 심동적 수준, 언어적 수준, 선호도를 고려하여 둘씩 짝을 정해둔다.
이번 시간에 배운 신체활동을 중심으로 영어와 한국어로 Checklist를 만들어 둔다.
교사는 학생에게 조별 기능경쟁과 영어 말하기 경쟁을 한다고 예고하여 둘이 하나가 되어 활동과 영어 표현을 익히게 한다.

Consolidation TALK Speak about us

Talking about myself.

: 자신이 잘 하는 것과 잘 하지 못하는 것을 확인하고 친구와 이야기 나누기

Let's check what you have learned.

배운 것을 확인해 봅시다.

Check what you can do well or need to practice more.

잘 하는 것과 더 연습해야 하는 것을 확인해 보세요.

Let's compare it with your friends.

그리고 친구와 비교해 보세요.

Use these key expressions.

이 표현들을 사용하도록 하세요.

English for Physical Activity

Grade :   Name :

Check list	Awesome	OK	Needs Improvement
• I can pick up your ball.			
• I can make a flat platform.			
• I can bump the ball back and forth gently.			
• I can toss the ball more than 3 times in the air.			

 Closing

Review / Introducing about next lesson

: 배운 표현 복습하고 다음 차시 예고

- How did you like the class?   오늘 수업 어땠나요?
  Did you enjoy bumping and tossing?
  범프하는 것과 토스하는 것이 즐거웠나요?
  오늘 배운 배구의 기본 기술에 대해 정리해 볼까요?
  There were bumping, tossing,   토스, 범프가 있었어요
  Let's review the expressions with the cards.
  카드로 표현들을 복습해 봅시다.

Cooling Down Activity

: 정리 운동 하기

- Go with a partner and stretch your legs.
  짝을 찾아 다리 스트레칭을 하세요.
  Shake your arms and legs.   팔과 다리를 흔들어 주세요.

| Competition games | Lesson 5. Volleyball

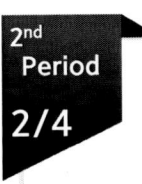

- ❖ Introduction ········ ■ Warm up(5′)
- ❖ Development ········ ■ Learn more(10′) → Practice together 2(20′)
- ❖ Consolidation ········ ■ Closing(5′)

Introduction

 Hello, everybody. Happy to see you again. Are you good today? Very good.

 Warm up

Review

: 1차시에 배운 내용 복습하기. 배구의 2가지 기술에 대해 그림과 단어를 사용해서 정리하기.

 Do you remember the expressions or words from last class?

지난 시간에 배운 표현이나 단어를 기억하나요?

Last time we practiced how to bump and toss the ball.

지난 시간에 우리는 범프와 토스를 연습했어요.

What are these two pictures about? 이 두 그림은 무엇에 관한 것인가요?
That's right. On the right, is a picture of the overhead serve.

맞아요, 오른쪽에 있는 그림은 오버헤드 서브 장면이에요.

⑧ 언더헤드 서브   ⑨ 오버헤드 서브

English for Physical Activity

Object presentation

: 다 함께 오늘의 학습목표 확인하기.

 오늘은 무엇을 배울까요?

How do we start a volleyball game? 배구 경기의 시작은 뭘로 하죠?
That's right. It's the serve. 맞아요. 서브예요.
Let's read this chorally. 다 함께 읽어 봅시다.
• I can say and do about overhead and underhand serve.
Today, we'll learn and practice these two serves.

Development Learn more

Introducing 'overhead serve', 'underhand serve'

: 'overhead serve'와 'underhand serve' 소개하기

 Let's practice 'overhead serve' and 'underhand serve'. I will show you how to do them.

오버헤드 서브와 언더핸드 서브를 연습해 봅시다. 선생님이 시범을 보여 줄게요.

• First, we'll practice without a ball.

우선, 공 없이 연습을 해 볼거에요.

• When you are good at it, we'll add a ball.

잘 하면, 공으로 해 볼거에요.

• Hit the side of the ball like this toward the target.

목표 지점을 향해서 이렇게 공의 한쪽 면을 때려보세요.

• Next, let's practice with your partner.

친구와 같이 연습해 봅시다.

• Which serve is more difficult? 어떤 서브가 더 어렵나요?
• Which serve has more power? 어떤 서브가 더 힘이 실리나요?

| Competition games | Lesson 5. Volleyball

Bump / Toss / Serve Techniques
Everytime, move your feet under the ball.
When you bump the ball, stretch your arms out.
When you serve, extend your arms and wrists towards your target.
Bump and toss the ball gently.

 Practice together 2

| Practicing pass / serve |

: 패스와 서브 연습하기

Now, make groups of four.　　　　　　　　4명씩 모둠으로 만드세요.
One student will be a server and the other members will bump or toss the ball.
　　　　　한명은 서브를 넣는 사람이 되고, 다른 사람은 범프를 하거나 토스를 하세요.
Everyone gets a turn to serve.　　　　　　역할을 교대 하세요.
Try 10 times.　　　　　　　　　　　　　10분동안 해 보세요.
Look how your friends are doing.　　　　친구들이 어떻게 하는지 보세요.

English for Physical Activity

Consolidation Closing

Review / Introducing about next lesson

: 배운 표현 복습하고 다음 차시 예고

T. Let's review what we learned today.   오늘 배웠던 것을 복습해 봅시다.
What kind of serve was easier?   어느 서브가 더 쉬웠나요?
Why do we toss the ball higher?   왜 토스를 더 높게 하나요?
You can explain in Korean.   한국말로 설명해도 돼요.

Cooling Down Activity

: 정리 운동 하기

T. Make a Circle.   원을 만드세요.
Shake ankles and kneejoints, hipjoint, shoulders and neck.
    발목과 무릎, 엉덩이(관절), 어깨, 목을 돌려주세요.
Follow my order.   선생님의 구령을 따라서 해 주세요.

| Competition games | Lesson 5. Volleyball

3rd Period 3/4

❖ Introduction ········ ■ Warm up(5′)
❖ Development ········ ■ Read & Think (10′) → Play together(20′)
❖ Consolidation ········ ■ Closing(5′)

🅣 Hello class. How do you feel today?
Are you ready to play volleyball?

 Warm up

Review

: 2차시에 배운 내용 복습하기.

🅣 Last time we learned how to serve, bump and toss. Did you understand?

　　　　　　　　지난 시간에는 서브와 범핑, 토스에 대해서 배워봤어요. 이제 익숙해 졌나요?

What kinds of serves did we practice?

　　　　　　　　　　　　　　어떤 서브를 연습했나요?

Object presentation

: 다 함께 오늘의 학습목표 확인하기.

🅣 Let's read this together.　　　　　　　　다 같이 읽어 봅시다.

• I can play volleyball with a pit using some of the words I used in basketball.

Today, we will play volleyball using a pit in place of the net.

　　　　　　　　　　오늘은 구덩이 배구 경기를 해 볼 거에요.

113

English for Physical Activity

I'm going to explain more about this soon.

곧 이것에 대해 더 설명해 줄게요.

A volleyball game with a pit is to play easier than a real game with a net.

구덩이 배구는 실제 경기보다 쉬워요.

evelopment Read & think

| Learning how to win the game. |

: 읽기자료를 통해 구덩이 배구 경기에서 이기는 방법 이해하기

 Let's read these sentences about playing volley ball with a pit.

구덩이 배구경기의 규칙 관한 문장들을 읽어 봅시다.

<Let's read!> 5 Rules of a pit volleyball game.
Where is the net? It's the pit. Do not lose the ball in the pit.
What body part we can use? hands only. (toss/bump)
Can we bounce the ball? One time only.
Can we spike the ball? No.
How many times can we pass? 4 times.

 How many rules were there?   몇 개의 규칙이 있었나요?

Am I clear? Can you play this game?

이해했나요? 이 경기 할 수 있나요?

114

Competition games | **Lesson 5. Volleyball**

 Play together

Mini game : "Pit volleyball"

- Let's play the game. 　　　　　　　　　　　　게임을 해 봅시다.
  Get into groups of 6 and go in each square.
  　　　　　　　　　　　　4명씩 한 모둠을 만들어 각자 구역으로 들어가세요.
  Set the position. 　　　　　　　　　　　　포지션을 정하세요.
  There is no specific position. Take turns serving serve.
  　　　　　　　　　　　　구체적인 포지션은 없어요. 서브는 교대로 하세요.
  Let's play together! 　　　　　　　　　　　　다 함께 해봐요

Consolidation **Closing**

Review / Introducing about next lesson

: 배운 표현 복습하고 다음 차시 예고

- Did you have fun? 　　　　　　　　　　　　재미있었나요?
  Look at what I'm doing. 　　선생님이 어떻게 하는지 다시 한번 보세요.
  ※ 3가지 기술(토스, 범프, 서브)에 대해서 다시 한번 시범을 보여준다.
- If I'm doing right. Say "Yes". I'm doing it wrong. Say "No".
  　　　만약에 선생님이 바르게 하면 "Yes"라고 하세요. 바르지 않으면 "No"라고 하세요.
- Can you explain about how to toss, bump and serve?
  　　　　　　　　　　　토스, 범핑, 서브에 대해서 설명할 수 있나요?

Cooling Down Activity

: 정리 운동 하기

- Let's Walk together slowly around this area.
  　　　　　　　　　　　함께 경기장 주변을 천천히 걸어 봅시다.

English for Physical Activity

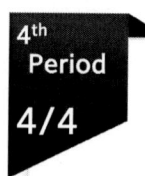

- ❖ **Introduction** ········ ■ Warm up(6′)
- ❖ **Development** ········ ■ Speak & play(20′) → On your own(8′)
- ❖ **Consolidation** ········ ■ Closing(6′)

Introduction

 Good morning class. Anyone sick?
Is everyone ready to play volleyball?
Very good.

Warm up

Review

: 그동안 배운 단계를 되돌아보며 표현 복습하기
(배구경기에 대해 아는 것 말해보기)

 Say everything you know about volleyball.

농구에 대해 배웠던 모든 것에 관해 얘기해 보세요.

That's right. We've learned a lot of techniques.

맞아요, 우리는 많은 기술들을 배워왔어요.

Today, we're going to play a real volleyball game.

오늘은 실제 경기를 해 볼 거예요.

Not the game that pro athletes play, but.

실제 선수들이 하는 경기는 아니지만.

Are you excited?

신나죠?

Object presentation

: 다 함께 오늘의 학습목표 확인하기.

| Competition games | Lesson 5. Volleyball

What are we going to learn today? 오늘 무엇을 배울까요?
What do you want to do today? 오늘 뭘 하고 싶어요?
· Let's play volleyball in teams.

Development — Speak & Play

Play together

: 그동안 익힌 표현을 사용하여 친구들과 실제 배구경기 해보기

Let's play volleyball together. 다 같이 배구 경기를 해 봅시다.

· Make groups of 6 as fast as you can. 최대한 빨리 6명 1조로 만드세요.
· Are you ready? Let's enjoy the game.
　　　　　　　　　　　　　　　　　　준비 됐나요? 게임을 즐겨보세요.
· Don't forget to use the expressions we've learned.
　　　　　　　　　　　　　　　　우리가 배운 표현 사용하는 것 잊지 마세요.
· Combine all the skills you have learned.
　　　　　　　　　　　　　　　　　　배운 기술들을 모두 사용하세요.
· Today, you can strike ball with heel of hand.
　　　　　　　　　　　　오늘은 손바닥의 볼록한 부분으로 스파이크를 할 수 있어요.
· 3 sets. A set of 15 points. 3세트. 한 셋트는 15점이에요.

※ 실제 배구 네트대신 배드민턴용 네트를 설치해서 사용한다.
학생용 연습 배구공(더 가볍게 만들어진 것)을 활용하면 더 재미있게 경기할 수 있다.

English for Physical Activity

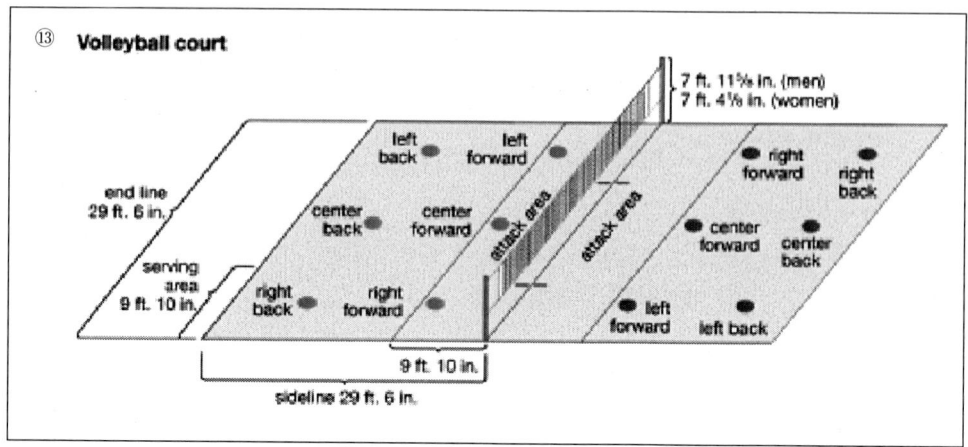

 On your own

| Lesson review |

: 키워드를 통해 배구 기술 및 규칙에 관해 정리하기(그림과 카드 일치시키기)

Let's match the picture cards with the word/expressions cards.

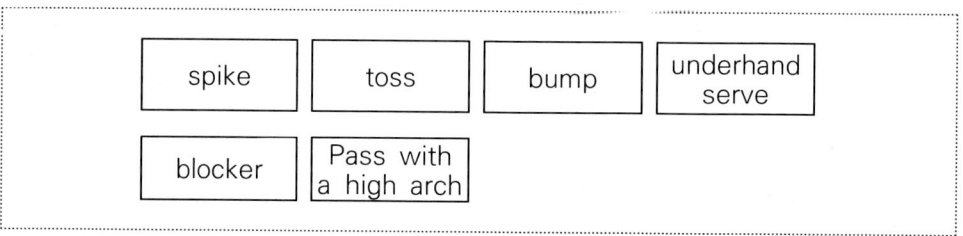

Consolidation  **Closing**

| Review / Introducing about next lesson |

: 배운 표현 복습하고 다음 차시 예고

| Competition games | Lesson 5. Volleyball

- Did you like playing volleyball? 배구하는 것이 좋았나요?
- What were the rules of pit volleyball? 구덩이 배구경기의 규칙은 뭐였죠?

Cooling Down Activity
: 정리 운동 하기

- Let's stretch out your arms and legs. 팔과 다리를 쭉 뻗어 봅시다.

Image Source

① https://ryanyoungphotography.wordpress.com/2010/11/04/bump-set-spike-repeat/

② http://cougardaily.org/tag/volleyball/

③ http://www.tahoedailytribune.com/news/sports/south-tahoe-volleyball-beats-spring-creek-for-first-league-win/

④ http://www.volleyballadvisors.com/volleyball-drills-passing.html

⑤ http://volleyballislit.blogspot.kr/2014/05/how-to-bump-volleyball.html

⑥ https://parents.ormiston.qld.edu.au/redback_newsletters/the-redback-reporter-week-6-term-3-2016/girls-volleyball-strive-to-hold-back-arch-nemesis

⑦ http://www.sanclementetimes.com/triton-report-girls-volleyball-into-cif-second-round-x-c-teams-prep-for-cif/

⑧ https://ohsmagnet.com/10664/student-life/snow-week-volleyball-extravaganza/

⑨ http://www.danna.it/Risorse/DAN/Public/O_D9046/D9046/Materiali_disponibili/V.volleyball.html

⑩ http://www.novelbenedictions.com/nb/2014/11/volleyball-spirit-week-games/

⑪ http://www.volleyball-training-ground.com/volleyball-drills.html

⑫ http://www.sonic.net/drturner/WebTurner/volleyball_spectator_guide.htm

⑬ http://sidneyh21.blogspot.kr/2016_02_01_archive.html

Dance

Unit 3 Let's Dance!

Lesson 1. **Creative Dance**
Lesson 2. **Folk Dance(Virginia Reel)**
Lesson 3. **Korean Dance(Tal-Chum)**

Lesson 01 Creative Dance

1st Period 1/3

- **Introduction** ······ ■ Warm up(6′)
- **Development** ······ ■ Look and listen(9′) → Practice together 1(15′)
- **Consolidation** ······ ■ Speak about us(5′) → Closing(5′)

One of the great values in the education of children comes from the experience of making their own forms of express, to communicate, to enjoy. Each child is unique in his individualism and in his environment. He needs a chance to say what he is, how he feels, what his world means to him.

— Ruth L. Murray

Introduction

Object presentation

Look at the picture on page 00 and think about what we're going to learn.

몸으로 생각과 느낌을 표현해 봅시다.

Introduction

Hello! Everybody! 안녕하세요! 여러분!
Nice to see you. 만나서 반갑습니다.

123

English for Physical Activity

Anybody feels sick?   아픈 사람 있나요?
Good.   좋습니다.
Creative dance expresses thoughts and feelings through body movements.   창작무용은 생각과 느낌을 몸의 움직임으로 표현하는 것입니다.
Today, we will do activities to know about our bodies for creative dance.
   오늘 우리는 창작무용을 하기 위해서 우리의 몸에 대해 알아보는 활동을 하겠습니다.
Where are arms? Move your arms.
   팔이 어디에 있나요? 팔을 움직여 보세요.
Where are shoulders? Move your shoulders.
   어깨가 어디에 있나요? 어깨를 움직여 보세요.

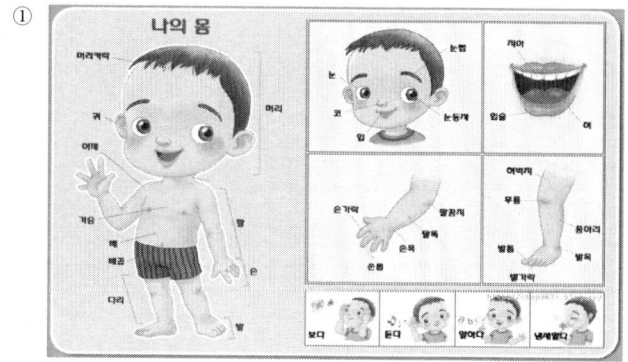

Warm up

Let's start warm up.   준비움직임을 시작하겠습니다.
Sit down on the floor please.   바닥에 앉으십시오.
Which part of our body can circle?
   우리 몸에서 돌릴 수 있는 부분은 어디일까요?
Circle your head from side to side.   머리를 옆으로 돌려보세요.
Circle your wrists inside and outside.
   손목을 안으로, 밖으로 돌려보세요.

Circle your shoulders forward and backward.

어깨를 앞으로, 뒤로 돌려보세요.

Circle your arms forward and backward. 팔을 앞으로, 뒤로 돌려보세요.

Circle your ankles inside and outside. 발목을 돌려보세요.

Stand up please. 일어납니다.

Which part of our body can be bent and stretch?

우리 몸에서 구부리거나 펼 수 있는 부분은 어디일까요?

Arms and legs can be bent and stretch.

팔과 다리를 구부리거나 펼 수 있어요.

The waist is able to bend and stretch. 허리를 구부리거나 펼 수 있어요.

English for Physical Activity

Development Look and Listen

Introducing vocabulary and expressions

Let's Guess the Picture
(그림을 보며 선생님이 오늘 배울 내용을 이야기한다.)

Sit down please.	Let's make a small body.
④	⑤
Let's make a big body.	Put your arms up and down.
⑥	⑦
Let's make the number 2.	Let's create the alphabet O.
⑧	⑨

126

Dance | Lesson 1. Creative Dance

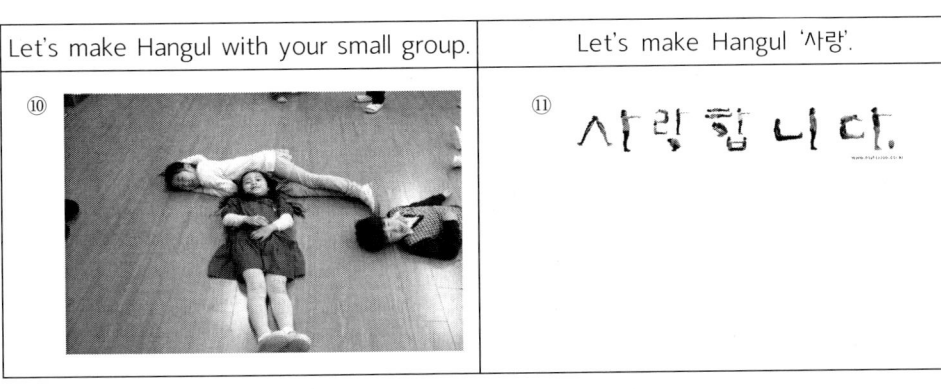

| Let's make Hangul with your small group. | Let's make Hangul '사랑'. |

- Sit down please. 바닥에 앉으세요.
  Let's make a small body. 몸을 작게 만들어 봅시다.
  How did you make it? 어떻게 만들었나요?
  Did you bend your arms, legs, and waist?
  팔과 다리, 허리를 구부려서 작게 만들었나요?

- Let's make a big body. 몸을 크게 만들어 봅시다.
  How did you make it? 어떻게 만들었나요?
  Did you stretch your arms, leg, and waist?
  팔과 다리, 허리를 펴서 크게 만들었나요?

- Now, put your chin up and down.
  이제 턱을 위로 올리고, 아래로 내려 봅시다.
  Put your shoulders up and down.
  어깨를 위로 올리고, 아래로 내려 봅시다.
  Put your arms up and down. 팔을 위로 올리고, 아래로 내려 봅시다.

- Stand up please. 이제 일어나 봅시다.
  Put your right hip up and down.
  오른쪽 엉덩이를 위로 올리고, 아래로 내려 봅시다.

- Put your left hip up and down.
  왼쪽 엉덩이를 위로 올리고, 아래로 내려 봅시다.

Put your right knee up and down.

오른쪽 무릎을 위로 올리고, 아래로 내려 봅시다.

Put your left knee up and down.

왼쪽 무릎을 위로 올리고, 아래로 내려 봅시다.

ⓣ Let's make various shapes with the body.

몸으로 다양한 모양을 만들어 봅시다.

Let's make the numbers alone 혼자서 숫자를 만들어 봅시다.
Let's make the number 2. 숫자 2를 만들어 봅시다.
Let's make the number 3. 숫자 3을 만들어 봅시다.

ⓣ Let's create the alphabet with your friends.

친구와 함께 알파벳을 만들어 봅시다.

Let's meet a partner. 친구를 만납니다.
Let's create the alphabet A. 알파벳 A를 만들어 봅시다.
Let's create the alphabet R. 알파벳 R을 만들어 봅시다.

ⓣ Let's make Hangul with your small group.

작은 모둠을 만들어서 한글을 만들어 봅시다.

Let's make a small group with 4-5 people.

4-5명 정도의 작은 모둠을 만듭니다.

Let's make Hangul '우리'. 한글 '우리'를 만들어 봅시다.
Let's make Hangul '사랑'. 한글 '사랑'을 만들어 봅시다.

 Practice together

자! 이제는 우리가 수업한 내용을 중심으로 여러분의 짝과 함께 여러분이 활동하면서 직접 표현해 보세요. 짝과 함께 여러분이 배운 말을 크게 영어로 떠드는 거예요. (그림카드를 큰 게시판에 부착하여 어린이들이 수시로 보고 말할 수 있게 한다)

Dance | Lesson 1. Creative Dance

▌▌ Practice the Dance skills.

: 모둠별로 배운 표현을 연습해보기(부록 0활용)

Let's make a small body.	Let's make a big body.	Put your arms up and down.
Let's make the number 2.	Let's create the alphabet O.	Let's make Hangul '사랑'.

TALK Speak about us

▌▌ Talk about myself.

: 자신이 잘 하는 것과 잘 하지 못하는 것을 확인하고 친구와 이야기 나누기

Grade :   Name :

Check list	Yes	No
• I can circle my wrists inside and outside. 나는 손목을 안으로, 밖으로 돌릴 수 있습니다.		
• I can bend and stretch my legs. 나는 다리를 구부리거나 펼 수 있습니다.		
• I can make my body small and big. 나는 내 몸을 작게, 크게 만들 수 있습니다.		
• I can put my body parts up and down. 나는 내 몸의 부분을 올리고, 내릴 수 있습니다.		
• I can create various shapes with my body. 나는 몸으로 다양한 모양을 만들 수 있습니다.		

English for Physical Activity

> **[Expressions for teachers]**
>
> • Let's check what you can do well or need to practice more.
> • Let's compare it with your friends.
> • Let's look at drawing and picture and say.

Consolidation — Cooling Down Activity

: 여러분 오늘 수업 재미있었나요? 네, 오늘 여러분 아주 잘 했어요. 그럼 이번 시간에 진행한 수업내용을 중심으로 정리를 한번해볼까요?보여 주며 학생들이 이번시간에 한 활동을 정리하도록 한다.

T Sit down please.   바닥에 앉으세요.

Stretch your legs forward.   두 다리를 앞으로 펴세요.

Breath slowly and put your arms up and down.

    천천히 호흡하면서 팔을 올렸다가 내립니다.

Repeat.   반복합니다.

Bend your knees.   두 무릎을 구부리세요.

Breath slowly and put your arms up and down.

    천천히 호흡하면서 팔을 올렸다가 내립니다.

Repeat.   반복합니다.

Close your eyes and think of what you have done in this class.

    눈을 감고 오늘 무엇을 했는지 생각해봅니다.

Dance | Lesson 1. Creative Dance

2nd Period 2/3

- ❖ **Introduction** ········ ■ Warm up(5′)
- ❖ **Development** ······ ■ Play together 1(30′)
- ❖ **Consolidation** ····· ■ Closing(5′)

Introduction

Object presentation

: 이동움직임을 통해 창작무용을 할 수 있다.

음악과 리듬에 맞춰 걷고 뛰는 표현을 해 봅시다.

Presentation

Hello! Everybody!   안녕하세요! 여러분!
Nice to see you.   만나서 반갑습니다.
Anybody feels sick?   아픈 사람 있나요?
Good.   좋습니다.
Today, we will do creative dance with locomotor movement.

오늘은 이동움직임을 이용하여 창작무용을 할 것입니다.

Locomotor movement is the movement to move to another place from my place.

이동움직임은 내 자리에서 다른 자리로 이동하는 움직임을 말합니다.

Walking, running, hopping, skipping are locomotor movements.

걷기, 달리기, 호핑, 스키핑을 이동움직임이라고 합니다.

We can make rhythm repeating locomotor movement with tempo.

이동성움직임을 박자와 함께 반복하면 리듬을 만들 수 있습니다.

English for Physical Activity

Warm up

Let's walk forward and backward. 앞으로 그리고 뒤로 걸어봅시다.
Let's run forward. 앞으로 달려봅시다.
Let's do slow hopping step. 천천히 호핑스텝을 해 봅시다.
Hopping step is a series of 'step-hops' performed by alternating the feet. 호핑스텝은 발을 바꾸는 스텝-홉의 연결입니다.
Let's do fast skipping step. 빠른 스키핑스텝을 해 봅시다.
Skipping step is a fast combination of hopping step and running step. 스키핑스텝은 호핑스텝과 런닝스텝의 빠른 결합입니다.

Development Think together 1

걷기를 통해 창작무용을 해봅시다.

Let's walk forward 4 counts. 4박자 앞으로 걸어봅시다.
Let's walk backward 4 counts. 4박자 뒤로 걸어봅시다.
Let's walk forward 5 counts in a zig-zag pattern.
지그재그로 5박자 앞으로 걸어봅시다.
Let's walk backward 5 counts in a zig-zag pattern.
지그재그로 5박자 뒤로 걸어봅시다.

Let's walk forward 6 counts in a circular pattern.

원형으로 6박자 앞으로 걸어봅시다.

Let's walk backward 6 counts in a circular pattern.

원형으로 6박자 뒤로 걸어봅시다.

walk forward 4 counts	walk backward 4 counts
walk forward 5 counts in a zig-zag pattern	walk backward 5 counts in a zig-zag patter

English for Physical Activity

walk forward 6 counts in a circular pattern	walk backward 6 counts in a circular pattern

■ 달리기를 통해 창작무용을 해봅시다.

Let's run forward 4 counts.   4박자 앞으로 달려봅시다.

Let's run forward and change directions every 4 counts.

앞으로 달려가다가 4박자마다 방향을 바꿉니다.

Let's run forward and change directions every 8 counts.

앞으로 달려가다가 8박자마다 방향을 바꿉니다.

run forward 4 counts	run forward and change directions every 4 counts

| Dance | Lesson 1. Creative Dance

🕺 Let's try slow hopping step in a straight pattern.

직선으로 느린 호핑스텝을 해 봅시다.

Let's try slow hopping step in a circular pattern.

원형으로 느린 호핑스텝을 해 봅시다.

slow hopping step in a straight pattern	slow hopping step in a circular pattern
⑭	

🕺 Let's do skipping step fast in a straight pattern.

직선으로 스키핑스텝을 빠르게 해봅시다.

Let's do skipping step fast in a circular pattern.

원형으로 스키핑스텝을 빠르게 해봅시다.

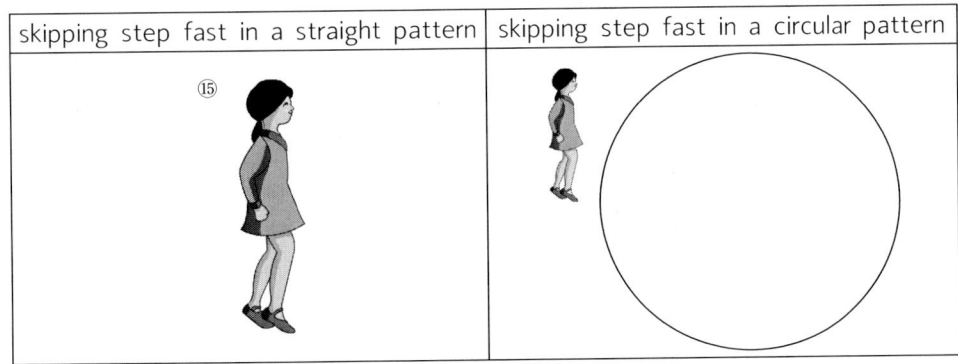

135

English for Physical Activity

Let's play locomotor game

: Game 1

<Let's talk! talk!>
1. Let's meet a partner. (파트너를 만나봅시다.)
2. Let's take 2 locomotor movements and present. (파트너와 함께 2가지 이동움직임을 연결해서 발표해봅시다.)

표현을 사용하면서 게임을 해봅시다.

: Game 2

<Let's talk! talk!>
1. Let's make a small group with 4-5 people. (4-5명의 작은 모둠을 만듭니다.)
2. Let's take 3 locomotor movements and present. (모둠별로 3가지 이동움직임을 연결해서 발표해봅시다.)

표현을 사용하면서 게임을 해봅시다.

Consolidation Closing

Review / Introducing about next lesson

: 배운 표현 복습하고 다음 차시 예고

Cooling Down Activity

: 정리 운동 하기

 Let's have a sit on the floor. (바닥에 앉아봅시다.)
　Let's stretch your both legs forward. (두 다리를 앞으로 펴봅시다.)

Dance | Lesson 1. Creative Dance

Let's shake your both legs. (두 다리를 털어봅시다.)
You can band your waist and touch your toes. (허리를 구부려서 발끝을 잡아보세요.)
You can stretch your waist and sit tall. (허리를 펴서 높게 앉습니다.)
You can repeat. (반복합니다.)

Check Up

: 배운표현 복습하고 다음 차시 예고

Let's think about my movement.　　나의 움직임에 대해서 생각해봅시다.
Can I move on tempo?　　나는 박자에 맞추어 움직일 수 있나요?
Can I make rhythm?　　나는 리듬을 만들 수 있나요?
Can I do locomotor movement?　　나는 이동성움직임을 할 수 있나요?

Grade :　　　　Name :

Check list	Yes	No
• I can walk in a zig-zag pattern. 나는 지그재그로 걸을 수 있습니다.		
• I can run forward. 나는 앞으로 달릴 수 있습니다.		
• I can do slow hopping step in a straight pattern. 나는 직선으로 느린 호핑스텝을 할 수 있습니다.		
• I can do skipping step fast in a circular pattern. 나는 원형으로 스키핑스텝을 빨리 할 수 있습니다.		
• I can do locomotor movement. 나는 이동움직임을 할 수 있습니다.		

137

English for Physical Activity

3rd Period 3/3

- ❖ **Introduction** ······ ■ Warm up(5′)
- ❖ **Development** ······ ■ Practice together 2(23′)
  - → Teach & Help(7′)
- ❖ **Consolidation** ······ ■ Closing(5′)

Introduction

Presentation

Hello! Everybody!	안녕하세요! 여러분!
Nice to see you.	만나서 반갑습니다.
Anybody feels good?	기분 좋아요?
Great.	좋습니다.
Today, we will create a dance.	오늘 무용을 창작할 것입니다.

We can express what we feel and think using our body.

무엇을 느끼고 생각하는지 몸으로 표현해봅시다.

When we are happy, how we express with our body?

행복할 때 어떻게 몸으로 표현하나요?

Yes, we can stand up and clap or jump.

예, 일어서서 박수를 치거나 점프합니다.

When we are tired, how we express with our body?

피곤할 때 어떻게 몸으로 표현하나요?

Yes, we can sit or lay down. 예, 앉거나 눕지요.

We can express feeling and thinking with our body.

느낌과 생각을 몸으로 표현할 수 있습니다.

Let's create dance with our body. 몸을 이용하여 무용을 창작해 봅시다.

몸을 이용하여 무용을 창작할 수 있다.

In creative dance, there is no right or wrong, and the goal of creative dance is learning, making, and sharing.

창작무용에는 맞고 틀리는 것이 없고, 창작무용의 목표는 배우고, 만들고, 나누는 것입니다.

From this creative dance class, we learn how to move our body, to make dance, and to communicate with other people.

창작무용을 통해서 어떻게 몸을 움직이고, 무용을 만들고, 또 다른 사람들과 의사소통하는지 배울 수 있습니다.

Warm up

Let's express a happy face.
We can smile and laugh.
Let's express a tired body.
We can relax our body.

행복한 얼굴을 표현해 봅시다.
스마일하고 웃을 수 있습니다.
피곤한 몸을 표현해 봅시다.
몸에 힘을 뺍니다.

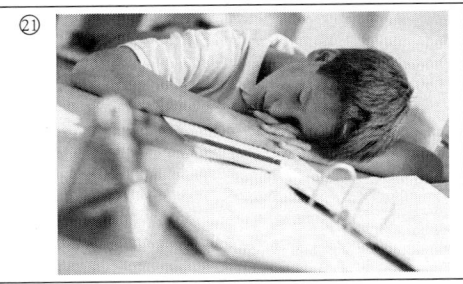

English for Physical Activity

Development Play together 2

Speak

🔟 Let's express feeling of delight. 　　　　　기쁨을 표현해 봅시다.
We can run, clap, and stamp fast.
　　　　　　　　　　　　　빨리 달리고, 박수치고, 발을 구를 수 있습니다.
For example, we can run forward in 4 counts, clap in 4 counts, and stamp in 4 counts.
　　　　　예를 들어, 앞으로 4박자 달리고, 박수 4번 치고, 발을 4번 구를 수 있습니다.

🔟 Let's express feeling of sad. 　　　　　슬픔을 표현해 봅시다.
We can walk, sit, and lay down slowly.
　　　　　　　　　　　　　천천히 걷고, 앉고, 바닥에 누울 수 있습니다.
For example, we can walk backward in 5 counts, sit in 5 counts, and lay down in 5 counts.
　　　　　예를 들어, 뒤로 5박자 걷고, 5박자에 앉고, 5박자에 눕습니다.

Dance | Lesson 1. Creative Dance

▶ Let's express feeling of frightened. 두려움을 표현해 봅시다.
 Let's express feeling of cautious. 호기심을 표현해 봅시다.

▶ Let's think one of your favorite animals and her or his movement.
 좋아하는 동물들 중 하나와 움직임을 생각해 봅시다.
 We can create a dance about how she or he moves.
 어떻게 움직이는지 무용으로 창작해 봅시다.
 Yes, we can create a dance of thinking.
 예, 생각을 무용으로 창작할 수 있습니다.
 Also, we can create a dance of thinking and feeling.
 또한 생각과 느낌을 무용으로 창작할 수 있습니다.
 For example, we can create a dance of a happy dog.
 예를 들어, 행복한 개에 대한 무용을 창작할 수 있습니다.
 Also, we can create a dance of a sad cat.
 또한, 슬픈 고양이에 대한 무용을 창작할 수 있습니다.
 Let's create a dance to the beat. 박자에 맞추어 무용을 창작해 봅시다.

141

English for Physical Activity

 Teach & Help

| Peer teaching |

: 모둠별 한조가 되어 동작을 가르쳐주며 연습하기

ⓣ Now, we will create dance with a partner.
　　　　　　　　　　　　　　　　이제 파트너와 함께 무용을 창작할 것입니다.

Let's meet your partner.　　　　　　파트너를 만납니다.

Let's talk about an animal with your partner.
　　　　　　　　　　　　　파트너와 함께 동물에 대해서 이야기합니다.

Let's think of her or his movement. 동물의 움직임에 대해서 생각합니다.

Let's create a dance of the animal with your partner.
　　　　　　　　　　　　파트너와 함께 동물에 대한 무용을 창작합니다.

Let's present creative dance to others.
　　　　　　　　　　　　　창작무용을 다른 사람들 앞에서 발표합니다.

ⓣ Now, we will create dance with a small group of 3 people.
　　　　　　　　　　　이제 3명으로 이루어진 작은 모둠으로 무용을 창작할 것입니다.

Let's make a small group of 3 people.
　　　　　　　　　　　　　　3명으로 이루어진 작은 모둠을 만듭니다.

Let's talk about an animal and a feeling with your group.
　　　　　　　　　　　　모둠과 함께 동물과 느낌에 대해서 이야기합니다.

Let's think of her or his movement. 동물의 움직임에 대해서 생각합니다.

Let's create dance of the animal and the feeling with your group.

모둠과 함께 동물과 느낌에 대한 무용을 창작합니다.

Let's present creative dance to other groups.

창작무용을 다른 사람들 앞에서 발표합니다.

Now, we can move and say with our partner.

이제 파트너와 함께 움직이면서 이야기해 보세요.

I can move to the beat. 나는 박자에 맞추어 움직일 수 있습니다.

I can express my feeling with creative dance.

나는 창작무용으로 느낌을 표현할 수 있습니다.

I can express my thinking with creative dance.

나는 창작무용으로 생각을 표현할 수 있습니다.

I can do creative dance with my partner.

나는 파트너와 함께 창작무용을 할 수 있습니다.

I can do creative dance with a group.

나는 모둠으로 창작무용을 할 수 있습니다.

 **Closing**

Cool down

 Let's sit down on the floor. 바닥에 앉습니다.

Let's stretch your waist and sit tall. 허리를 펴고 높게 앉습니다.

English for Physical Activity

Let's rotate your eyes. 눈을 돌려보세요.
Let's smile to relax your facial muscles.

스마일해서 얼굴 근육을 풀어주세요.

Talk about myself

Let's think about creative dance. 창작무용에 대해서 생각해봅시다.
Can I create dance with feeling? 나는 느낌을 무용으로 창작할 수 있나요?
Can I create dance with thinking?

나는 생각을 무용으로 창작할 수 있나요?

Grade :   Name :

Check list	Yes	No
• I can walk in a zig-zag pattern. 나는 지그재그로 걸을 수 있습니다.		
• I can run forward. 나는 앞으로 달릴 수 있습니다.		
• I can do slow hopping step in a straight pattern. 나는 직선으로 느린 호핑스텝을 할 수 있습니다.		
• I can do skipping step fast in a circular pattern. 나는 원형으로 스키핑스텝을 빨리 할 수 있습니다.		
• I can do locomotor movement. 나는 이동움직임을 할 수 있습니다.		

Image Source

① http://cafe.naver.com/jdreamchildren/1639 (왼쪽 부분만 사용)

② http://blog.daum.net/_blog/BlogTypeView.do?blogid=0pCHt&articleno=189&categoryId=2&regdt=20151210110452

③ https://yogartcaceres.wordpress.com/tag/fortalecer-el-cuerpo-con-el-yoga/

④ http://www.dongsasub.org/commonbbs/Details/4311?page=1

⑤ http://egloos.zum.com/forpapa/v/2394013

⑥ https://yogartcaceres.files.wordpress.com/2013/05/22.jpg

⑦ http://weekly.donga.com/List/3/all/11/72493/1

⑧ http://myvenus.co.kr/blog/474441

⑨ http://www.2dong.es.kr/wah/13class/bbs/album/view.htm?menuCode=638&pageNo=4&scale=10&searchField=&searchKeyword=&domain.topThread=22540&domain.depth=0&domain.dataNo=23197

⑩ http://www.2dong.es.kr/wah/sweetpea/bbs/album/view.htm?menuCode=1028&pageNo=5&scale=10&searchField=&searchKeyword=&domain.topThread=42467&domain.depth=0&domain.dataNo=43190

⑪ http://lifelog.blog.naver.com/PostView.nhn?blogId=heeya1980s&logNo=138901869

⑫ http://sciencebooks.tistory.com/851

⑬ http://dabia.net/xe/kyj/545862

⑭ http://down.edunet4u.net/KEDLAA/11/A5/0/KERIS_BIZ_1A5011O457I.jpg

⑮ http://down.edunet4u.net/KEDLAA/11/A5/0/KERIS_BIZ_1A5011O456I.jpg

⑯ newdle.noonnoppi.com

⑰ http://cfile8.uf.tistory.com/image/26046E4F551D457E17206C

⑱ http://m.g-enews.com/ko-kr/view.php?ud=201601081006317418875_1

⑲ http://www.namdonews.com/news/articleView.html?idxno=343437

⑳ http://polen.co.kr/archives/2708

㉑ http://blog.daum.net/kijjangkiness/6809734

㉒ http://mlbpark.donga.com/mlbpark/b.php?b=bullpen2&id=2931561&

㉓ http://ko.tubgit.com/%EA%B0%9C-%EB%B3%B4%EC%8A%A4%ED%84%B4-%ED%85%8C%EB%A6%AC%EC%96%B4-%EA%B7%B8%EB%A6%BC%EC%9E%90-%ED%9D%B0%EC%83%89-%EC%8A%AC%ED%94%84/102441141024/

㉔ http://m.blog.daum.net/2simon/3711381

㉕ http://clipbank.ebs.co.kr/clip/view?clipId=VOD_20130924_A0179(39초)

Lesson 02 Folk Dance(Virginia Reel)

1st Period 1/3

❖ **Introduction** ········ ■ Warm up(6′)
❖ **Development** ········ ■ Practice together 1(24′)
❖ **Consolidation** ········ ■ Speak about us(5′) → Closing(5′)

Introduction | Think together (Lesson orientation)

: 여러 가지 사진을 보면서 배울 내용을 예상하기

Hello! Everyone!	안녕하세요! 여러분!
How are you today?	오늘 어떤가요?
Great.	좋습니다.

Today, we will learn Virginia Reel which is a folk dance in the United States of America.

오늘은 미국의 포크댄스인 버지니아 릴을 배우겠습니다.

The USA is a federal constitutional republic consisting of fifty states and a federal district.

USA는 50개의 주와 하나의 연방 지구로 구성된 연방 헌법 공화국입니다.

Virginia State is located on the Atlantic coast of Eastern United States.

버지니아 주는 미국 동부 대서양 연안에 있습니다.

Coastal plains, plateau, mountains are in Virginia State.

버지니아 주에는 해안평야, 대지, 산맥 등이 있습니다.

| Dance | Lesson 2. Folk Dance(Virginia Reel)

Virginia Reel is a party dance in the field.

버지니아 릴은 들판에서 추는 파티 춤입니다.

Dancers make their own rhythm by clapping their hands and stamping their feet to the beat.

춤을 추는 사람들이 박수를 치고 발을 구르면서 리듬을 만듭니다.

①  ②

Object presentation

: 다 함께 오늘의 학습목표 확인하기.

미국의 버지니아 릴 춤을 출 수 있다.

Warm up

Walk forward in 4 counts.   4박자 앞으로 걸어갑니다.

Walk backward in 4 counts.   4박자 뒤로 걸어옵니다.

Let's try galloping step.   갤러핑스텝을 해봅시다.

Galloping step is one foot to the side while the other foot chasing for next moving.

갤러핑스텝은 한 발이 옆으로 가는 동안 다른 발이 쫓아가며 옮겨 가는 스텝입니다.

Let's do galloping step to the right side.

오른쪽으로 갤러핑스텝을 해봅시다.

English for Physical Activity

Let's do galloping step to the left side.

　　　　　　　　　　　　　　　　　　왼쪽으로 갤러핑스텝을 해봅시다.

Let's make a circle and try galloping step holding hands with the next person.　　원을 만들어서 옆 사람과 손을 잡고 갤러핑스텝을 해봅시다.

Let's try galloping step to the right side in 8 counts.

　　　　　　　　　　　　　　　　8박자 오른쪽으로 갤러핑스텝을 합니다.

Let's try galloping step to the left side in 8 counts.

　　　　　　　　　　　　　　　　8박자 왼쪽으로 갤러핑스텝을 합니다.

 **Practice together 1**

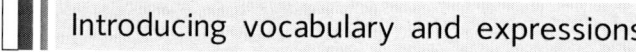

: 버지니아 릴 관련 핵심 어휘와 표현 익히기

ⓛ Let's make a longways formation which is six women make one line from the top to the button.

　　　　　　　　　　여섯 명의 여자들은 위에서 아래로 길게 한 줄로 늘어섭니다.

Six men are too.　　　　　　　　　　　　　여섯 남자도 마찬가지입니다.

And then women and men face to each other, meet a partner.

　　　　　　　　　　그다음 여자와 남자가 마주 보고 서서 파트너를 만납니다.

Dance | Lesson 2. Folk Dance(Virginia Reel)

📺 Let's dance with saying words of " " and numbers.

" "안의 단어와 숫자를 말하면서 춤을 춥시다.

For example, say "walk, 2, 3, bow, walk, 2, 3, 4".

예를 들어, "워크, 투, 쓰리, 바우, 워크, 투, 쓰리, 포".

(1) Bow(인사)

- 4 counts: "Walk" ②③ three steps forward to the partner, and men "Bow" or women "Curtsy"

    4박자: 파트너 앞으로 걸어가서 인사합니다.

- 4 counts: "Walk" ②③④ four steps backward to the place

    4박자: 뒤로 걸어서 제자리로 돌아옵니다.

(2) Shake Hands(악수)

- 8 counts: "Walk" ②③④ eight steps with holding the partner's right hand, and "turn" ②③④ around

    8박자: 파트너의 오른손을 잡고 걸으면서 돌아옵니다.

- 8 counts: "Walk" ②③④ eight steps with holding the partner's left hand, and "turn" ②③④ around

    8박자: 파트너의 왼손을 잡고 걸으면서 돌아옵니다.

(3) Do-Si-Do(도시도)

- 8 counts: "Walk" ②③④ toward to the partner and "pass" ②③④ right shoulders, move around each other(back to back), and pass left shoulders backward to the original position

  8박자: 앞으로 걸어가서 파트너의 오른쪽 어깨, 등, 왼쪽어깨를 스쳐서 제자리로 돌아옵니다.

(4) Galloping Step(갤러핑스텝)

- 8 counts: Head couple of the set "meet"s in the center, "join" both hands, and "gallop"ing step ④ ①②③④ to the bottom of the set

  8박자: 맨 위 커플은 두 손을 마주 잡고 갤러핑스텝으로 아래쪽으로 내려합니다.

- 8 counts: Head couple of the set "gallop"ing step ②③④ ①②③④ back to the top of the set

  8박자: 맨 위 커플은 갤러핑스텝으로 위쪽으로 돌아옵니다.

- While head couple of the set galloping step, other couples clap their hands and stamp their feet to create rhythm.

  맨 위 커플이 갤러핑스텝을 하는 동안에 다른 커플은 박수를 치거나 발을 굴러서 리듬을 만듭니다.

Virginia Reel 1

Now, we can move and say with our partner.

이제 파트너와 함께 이야기하면서 움직여봅시다.

I can bow or curtsy to the partner.

나는 파트너에게 인사를 할 수 있습니다.

I can shake the partner's hand and turn around.

나는 파트너의 손을 잡고 돌아올 수 있습니다.

I can do do-si-do.

나는 도시도를 할 수 있습니다.

Dance Lesson 2. Folk Dance(Virginia Reel)

I can do galloping step.　　　　　　　　나는 갤러핑스텝을 할 수 있습니다.

 **Check**

Cool Down

Let's try do-si-do slowly with your partner.
　　　　　　　　파트너와 함께 도시도를 천천히 연습해 봅시다.
Let's try galloping step slowly with yout partner.
　　　　　　　　파트너와 함께 갤러핑스텝을 천천히 연습해 봅시다.
Let's grab your partner's hands and shake.
　　　　　　　　파트너의 손을 잡고 흔들어 봅시다.
Change the roll.　　　　　　　　역할을 바꿔봅시다.
Let's hug your partner.　　　　　　　　파트너를 안아줍시다.

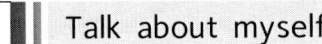 Talk about myself

Let's think about Virginia Reel.　　(버지니아 릴에 대해서 생각해봅시다.
Can I do galloping step?　　　　나는 갤러핑스텝을 할 수 있나요?

151

English for Physical Activity

Can I dance Virginia Reel?   나는 버지니아 릴을 출 수 있나요?

Grade :　　　　Name :

Check list	Yes	No
• I can bow or curtsy to the partner.		
• I can shake the partner's hand and turn around.		
• I can do do-si-do.		
• I can do galloping step.		
• I can dance Virginia Reel.		

| Dance | Lesson 2. Folk Dance(Virginia Reel)

2nd Period 2/3

- **Introduction** ······ ■ Warm up(5′)
- **Development** ······ ■ Practice together 2(30′)
- **Consolidation** ······ ■ Closing(5′)

Introduction

Presentation

Hello! Everybody! 안녕하세요! 여러분!
Nice to see you. 만나서 반갑습니다.
Anybody feels sick? 아픈 사람 있나요?
Good. 좋습니다.
Today, we will learn the second part of Virginia Reel.
오늘 버지니아 릴의 두 번째 부분을 배울 것입니다.

> 버지니아 릴 춤을 출 수 있다.

The couple in the top is the head couple.
맨 위 커플은 헤드커플입니다.

Warm up

Hop is the action of springing from one foot and landing on the same foot. 홉은 한 발을 딛고 뛰어 오른 후 같은 발로 내려오는 동작입니다.
Lift the right foot and hop with the left foot 8 counts in your place.
제자리에서 오른발을 들고 왼발로 8박자 홉을 합니다.
Lift the left foot and hop with the right foot 8 counts in your place.
제자리에서 왼발을 들고 오른발로 8박자 홉을 합니다.

English for Physical Activity

Change your hopping foot every four hops in your place.
제자리에서 홉을 4번 할 때마다 발을 바꿉니다.

Change your hopping foot every two hops in your place.
제자리에서 홉을 2번 할 때마다 발을 바꿉니다.

Hopping step is a series of 'step-hops' performed by alternating the feet. 호핑스텝은 발을 바꾸는 스텝-홉의 연결입니다.

Continue hopping step in a straight pattern.
직선으로 호핑스텝을 계속해 봅시다.

Continue hopping step in a circular pattern.
원형으로 호핑스텝을 계속해 봅시다.

Skipping step is a fast combination of hopping step and running step. 스키핑스텝은 호핑스텝과 런닝스텝의 빠른 결합입니다.

Do skipping step in a straight pattern. 직선으로 스키핑스텝을 해봅시다.

Do skipping step in a circular pattern. 원형으로 스키핑스텝을 해봅시다.

Development Practice together 2

: When we do elbow swing, we have to try skipping step.
팔짱끼고 돌기를 할 때에는 스키핑스텝으로 해야 합니다.

(5) Elbow Swing(팔짱끼고 돌기)

- 8 counts: Head couple "hook"s ②③④ right elbows, "turn"s ②③ one time clockwise, then "separate"s

  8박자: 맨 위 커플은 오른팔로 팔짱을 끼고 시계방향으로 한 바퀴 돌아서 헤어집니다.

- 4 counts: Head couple "hook"s their left elbow with the next man and woman-in-line's left elbow, these two couples "turn" ③ a half circle counterclockwise, then "separate"

  4박자: 맨 위 커플은 왼팔로 다음 줄에 있는 남자 그리고 여자의 팔짱을 끼고 시계반대방향으로 반 바퀴 돌아서 헤어집니다.

- Head man hooks his left elbow with the next woman-in-line's left elbow while the head woman hooks her left elbow with the next man-in-line's left elbow.

  맨 위 커플의 남자는 왼팔로 다음 줄의 여자와 팔짱을 끼고, 맨 위 커플의 여자도 왼팔로 다음 줄의 남자와 팔짱을 낍니다.)

- 4 counts: Head couple "meet"s and again hooks right elbows in the middle, "turn"s ③④ a half circle clockwise, then separates

  4박자: 맨 위 커플은 가운데서 만나서 다시 오른팔로 팔짱을 끼고 시계방향으로 반 바퀴 돌아서 헤어집니다.

- 4 counts: Head couple moves on and "hook"s ②③④ left elbows with the next person in line

  4박자: 맨 위 커플은 줄의 다음 사람과 왼팔로 팔짱을 끼고 계속 움직입니다.

English for Physical Activity

- Repeat this reeling pattern until the head couple reaches the bottom of the set.

  이 실타래 패턴을 맨 아래 커플을 만날 때까지 반복합니다.

- 4 counts: Head couple "meet"s in the center, "hook"s right elbows, and "turn"s ④ a half circle to the original side of the set

  4박자: 맨 위 커플은 가운데 만나서 오른팔로 팔짱을 끼고 반 바퀴 돌아 맨 처음 위치로 돌아갑니다.

- 8 counts: Head couple "join"s both hands and "gallop"ing step ③④ ①②③④ back to the top of the set

  8박자: 맨 위 커플은 두 손을 마주 잡고 갤러핑스텝으로 맨 위쪽으로 돌아갑니다.

Consolidation Closing

Review / Introducing about next lesson

: 배운 표현 복습하고 다음 차시 예고

🔹 Let's review what we have learned today.
   Which part do you like best?
   Which movements do you like more? Why?
   What changes can you do to make your dance more interesting?

Cooling Down Activity

: 정리 운동 하기

🔹 Try to balance on one foot.   한 발로 균형을 잡아 봅시다.
   Try to balance on the other foot.   다른 발로 균형을 잡아 봅시다.
   Try to hooping step slowly.   천천히 호핑스텝을 해 봅시다.

｜Dance｜ Lesson 2. Folk Dance(Virginia Reel)

Talk about myself

Let's think about Virginia Reel. 버지니아 릴에 대해서 생각해봅시다.
Can I do hopping step? 나는 호핑스텝을 할 수 있나요?
Can I do skipping step? 나는 스키핑스텝을 할 수 있나요?
Can I dance Virginia Reel? 나는 버지니아 릴을 출 수 있나요?

Grade :   Name :

Check list	Yes	No
• I can turn clockwise.		
• I can turn counterclockwise.		
• I can do skipping step.		
• I can do elbow swing.		
• I can dance Virginia Reel.		

English for Physical Activity

3rd Period 3/3
- Introduction ······ ■ Warm up(5′)
- Development ······ ■ Practice together 3(18′)
- Consolidation ······ ■ Closing(5′)

Introduction — Presentation

T: Hello! Everyone! 안녕하세요! 여러분!
How are you? 어떤가요!
Very Good. 좋습니다.
Today, we will learn the last part of Virginia Reel which is switching the role.   오늘은 역할을 바꾸는 버지니아 릴의 마지막 부분을 배울 것입니다.
There are six couples, the first couple is the head couple, and then the second couple will be the head couple.
6커플에서 첫 번째 커플이 헤드커플이고, 그 다음 두 번째 커플이 헤드커플이 될 것입니다.

Dance | Lesson 2. Folk Dance(Virginia Reel)

Warm up

 Let's try walking step.　　　　　　　　　위킹스텝을 해 봅시다.
　　Let's try running step.　　　　　　　　런닝스텝을 해 봅시다.
　　Let's do galloping step.　　　　　　　갤러핑스텝을 해 봅시다.
　　Let's do hopping step.　　　　　　　　호핑스텝을 해 봅시다.
　　Let's do skipping step.　　　　　　　　스키핑스텝을 해 봅시다.

Development **Practice together 3**

: When we do elbow swing, we have to try skipping step. (팔짱끼고 돌기를 할 때에는 스키핑스텝으로 해야 합니다.)

(6) Arch(아치)

- 8 counts: Everyone makes a quarter "turn" to face the head of the set. The head couple separates, leading each row to the outside, then "walk"s ③④ down the outside of the set to the foot of the set. Each person in line "follow"s ②③④ the head person
  8박자: 모든 사람은 위쪽으로 몸 방향을 바꿉니다. 헤드커플은 헤어져서 밖으로 돌아 각각의 줄을 이끌어서 맨 아래로 걸어갑니다. 줄에 있는 사람은 헤드를 따라갑니다.)

- 8 counts: Head couple "join"s ②③④ both hands at the foot of the set and "raise" ②③④ their hands and arms to form an arch
  8박자: 헤드커플은 맨 아래에서 두 손을 마주 잡고 올려서 아치를 만듭니다.

- 8 counts: The following couple "walk"s under the arch, "join"s both hands, and do "gallop"ing step ④ ①②③④ to the head of the set
  8박자: 따라오던 커플은 두 손을 마주 잡고 갤러핑스텝으로 아치 밑을 통과해서 위로 갑니다.

- The original head couple is now at the bottom of the set, while the second couple in line is the new head couple.

  원래 헤드커플은 맨 아래에 있고, 두 번째 커플이 새로운 헤드커플이 됩니다.

- Repeat the entire dance until all couples have a chance to be the head.

  모든 커플이 헤드커플이 될 때까지 반복합니다.

Practice

Now, we can move and say with our partner.

이제 파트너와 함께 이야기하면서 움직여봅시다.

I can make an arch with my partner.

나는 파트너와 아치를 만들 수 있습니다.

I can be a head couple with my partner.

나는 파트너와 헤드커플이 될 수 있습니다.

I can dance Virginia Reel. 나는 버지니아 릴을 출 수 있습니다.

I can enjoy dancing. 나는 춤추는 것을 즐길 수 있습니다.

Dance | Lesson 2. Folk Dance(Virginia Reel)

Consolidation  Closing

Review / Introducing about next lesson

: 배운 표현 복습하고 다음 차시 예고

🔊 Let's review what we have learned today.

Cooling Down Activity

: 정리 운동 하기

🔊 Walk slowly.   천천히 걸어갑니다.

🔊 Walk with your partner slowly.   파트너와 함께 천천히 걸어갑니다.

🔊 Hold your partner's hand and walk slowly.

                                           파트너의 손을 잡고 천천히 걸어갑니다.

Talk about myself

🔊 Let's think about Virginia Reel.   버지니아 릴에 대해서 생각해봅시다.

🔊 Can I dance Virginia Reel?   나는 버지니아 릴을 출 수 있나요?

🔊 Can I enjoy dancing?   나는 춤추는 것을 즐길 수 있나요?

Grade :   Name :

Check list	Yes	No
• I can make an arch with my partner.		
• I can be a head couple with my partner.		
• I can dance Virginia Reel.		
• I can enjoy dancing.		

English for Physical Activity

Image Source

① https://www.youtube.com/watch?v=8VD2RtC_VoA (6초)
② https://www.youtube.com/watch?v=46K4V6xmOww(24초)
③ https://www.youtube.com/watch?v=aWTlERI2zXY (5초)
④ https://www.youtube.com/watch?v=bOcJwvnxtMg (2초)
⑤ https://www.youtube.com/watch?v=bOcJwvnxtMg (3초)
⑥ https://www.youtube.com/watch?v=aWTlERI2zXY(2초)
⑦ http://down.edunet4u.net/KEDLAA/11/A5/0/KERIS_BIZ_1A5011O457I.jpg
⑧ https://www.youtube.com/watch?v=aWTlERI2zXY(16초)
⑨ https://www.youtube.com/watch?v=uBBdgcHimoM(8분56초)
⑩ https://www.youtube.com/watch?v=8VD2RtC_VoA (6초)

Lesson 03 Korean Dance(Tal-Chum)

1st Period 1/3

- ❖ **Introduction** ········ ■ Warm up(6′)
- ❖ **Development** ········ ■ Practice together 1(24′)
- ❖ **Consolidation** ········ ■ Speak about us(5′) → Closing(5′)

Introduction

Presentation

Hello! Everyone!   안녕하세요! 여러분!

How are you today?   오늘 어떤가요?

Great.   좋습니다.

Today, we will learn Korean Dance, Tal-Chum.

오늘은 한국무용인 탈춤을 배울 것입니다.

Tal-Chum is dancing and playing together.

탈춤에는 춤과 연극이 함께 있습니다.

Performers cover the face or head, unlike the original face of performers or animal or supernatural being(God).

공연자는 얼굴과 머리에 공연자와 다른 얼굴 또는 동물 또는 초자연적인 존재(신)의 가면을 씁니다.

Tal-Chum reflects the lifestyle of people and is expressed as dance, song, and metabolism.

탈춤을 사람들의 생활양식을 반영하고 춤과 노래, 대사로 표현하고 있습니다.

In Korean Dance, walking step is called Didim.

한국무용에서 걷는 것을 디딤이라고 부릅니다.

English for Physical Activity

When we do Didim, we need to do Didim with breathing and bending knees. 디딤을 할 때에는 호흡과 굴신을 같이 해야만 합니다.

Didim starts from the heel to toe.

디딤은 발꿈치를 시작으로 발끝으로 걷습니다.

Warm up

From now on, we will do Didim. 지금부터 디딤을 할 것입니다.

Walk to start from the heel to toe.

발꿈치를 시작으로 발끝을 디디면서 걸어갑니다.

Walk with breathing and bending knees.

호흡과 굴신을 하면서 걸어봅니다.

Development Practice together 1

Start with Gimajasea(standing to your feet shoulder-width apart, banding knees, and making the posture of riding a horse-shaped) and put Hansam(the white and long-sleeved) to your both hands.

기마자세(발을 어깨 넓이로 벌려 서서 무릎을 구부리고 말을 타는 모습)로 시작하고 손에는 한삼(하얗고 긴 소매)을 낍니다.

Dance | Lesson 3. Korean Dance(Tal-Chum)

Let's dance with care for breathing. 호흡에 신경을 써서 춤을 춥시다.

(1) Falling and Rising Head

- Start with Gimajasea and put Hansam to back over your both shoulders. 기마자세로 서서 한삼을 양쪽 어깨 뒤로 넘깁니다.

- 4 counts: Turn your upper body to the right, fall down your head with bending knees and rise up your head with stretching knees, and repeat.
  상체를 오른쪽으로 돌려 무릎을 구부리며 머리를 아래로 내리고 무릎을 펴며 머리를 위로 올리면서 반복합니다.

- 4 counts: Turn your upper body to the left, fall down your head with bending knees and rise up your head with stretching knees, and repeat.
  상체를 왼쪽으로 돌려 무릎을 구부리며 머리를 아래로 내리고 무릎을 펴며 머리를 위로 올리면서 반복합니다.

(2) Lifting Knee

- Start with Gimajasea and put Hansam to back over your both shoulders. 기마자세로 서서 한삼을 양쪽 어깨 뒤로 넘깁니다.

- 4 counts: Change the direction of your body to the right, lift your right knee up and bend your left knee, return back to Gimajasea, and repeat.
  오른쪽으로 몸의 방향을 바꾸어 오른쪽 무릎을 올리고 왼쪽 무릎을 구부렸다가 기마자세로 돌아간 후 반복합니다.

- 4 counts: Change the direction of your body to the left, lift your left knee up and bend your right knee, return back to Gimajasea, and repeat.

English for Physical Activity

왼쪽으로 몸의 방향을 바꾸어 왼쪽 무릎을 올리고 오른쪽 무릎을 구부렸다가 기마자세로 돌아간 후 반복합니다.

(3) Bull Step

- Start with Gimajasea and put Hansam to back over your both shoulders.
  기마자세로 서서 한삼을 양쪽 어깨 뒤로 넘깁니다.

- 4 counts: Change the direction of your body to the right, bend your right knee and lift your right heel to your left calf, return back to Gimajasea, and repeat.
  오른쪽으로 몸의 방향을 바꾸고, 오른쪽 무릎을 구부려 오른쪽 발꿈치를 왼쪽 종아리로 올렸다가 기마자세로 돌아간 후 반복합니다.

- 4 counts: Change the direction of your body to the left, bend your left knee and lift your left heel to your right calf, return back to Gimajasea, and repeat.
  왼쪽으로 몸의 방향을 바꾸고, 왼쪽 무릎을 구부려 왼쪽 발꿈치를 오른쪽 종아리로 올렸다가 기마자세로 돌아간 후 반복합니다.

Let's practice with a partner. 파트너와 함께 연습해 봅시다.
Let's meet your partner and face to each other.
　　　　　　　　　　　　　　　　　파트너를 만나서 마주 보고 섭니다.
Think about the direction. 방향을 생각해 봅시다.
You have to be in the opposite direction like mirroring.
　　　　　　　　　　　　　　　거울처럼 반대 방향으로 해야 합니다.

Practice

Now, we can move and say with our partner.
　　　　　　　　　　　이제 파트너와 함께 이야기하면서 움직여봅시다.

I can do Gimajasea. 나는 기마자세를 할 수 있습니다.

Dance | Lesson 3. Korean Dance(Tal-Chum)

I can do Falling and Rising Head.

나는 머리 내리고 올리기를 할 수 있습니다.

I can do Lifting Knee.

나는 무릎 들기를 할 수 있습니다.

I can do Bull Step.

나는 황소걸음을 할 수 있습니다.

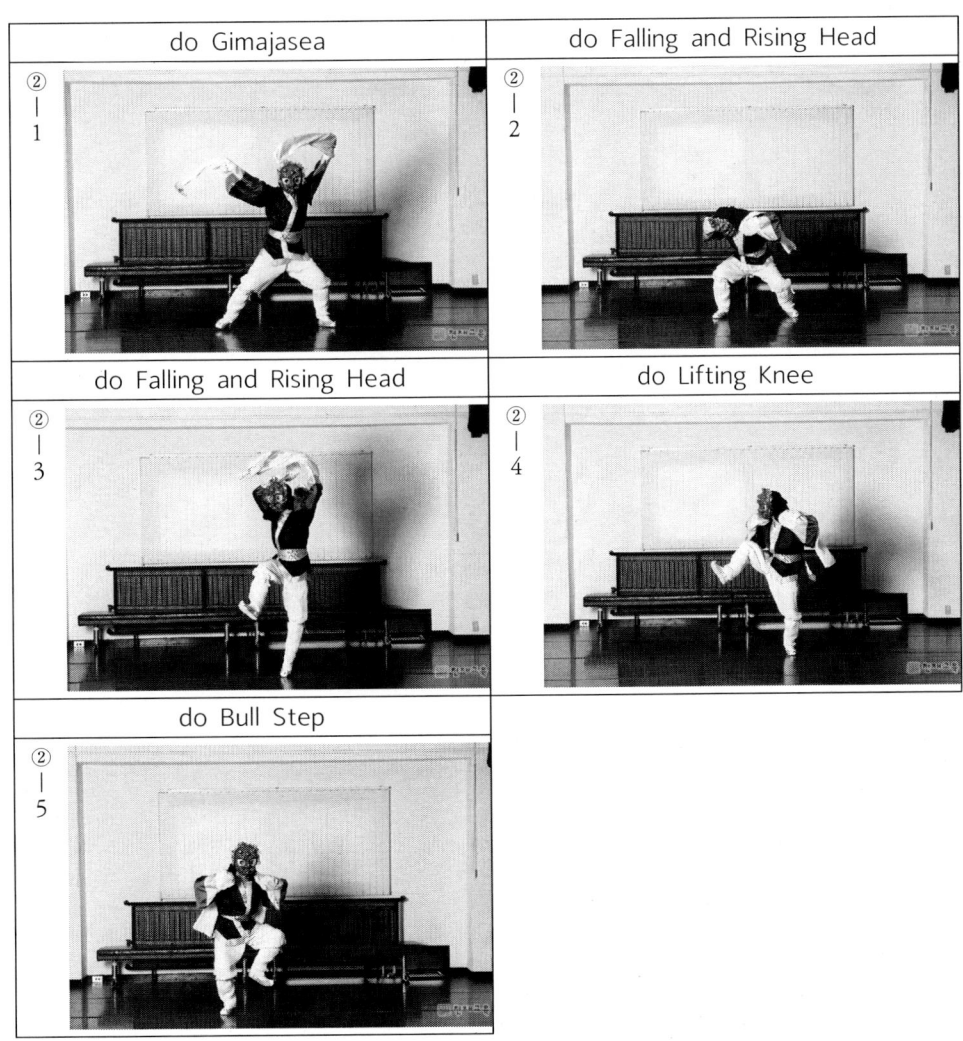

Consolidation  Check

Cool Down

- Let's try Didim slowly. 디딤을 천천히 연습해 봅시다.
  Let's try Didim slowly with your partner.
  파트너와 함께 디딤을 천천히 연습해 봅시다.

Talk about myself

- Let's think about Tal-Chum. 탈춤에 대해서 생각해봅시다.
  Can I do Didim? 나는 디딤을 할 수 있나요?
  Can I start Didim from the feel to toe?
  나는 디딤을 발꿈치부터 시작해서 발끝으로 걸을 수 있나요?

Grade :   Name :

Check list	Yes	No
• I can do Gimajasea.		
• I can do Falling and Rising Head.		
• I can do Lifting Knee.		
• I can do Bull Step.		
• I can dance Tal-Chum.		

| Dance | Lesson 3. Korean Dance(Tal-Chum)

2nd Period 2/3

- ❖ **Introduction** ······ ■ Warm up(5′)
- ❖ **Development** ······ ■ Practice together 2(30′)
- ❖ **Consolidation** ······ ■ Closing(5′)

Introduction

Presentation

Hello! Everybody!   안녕하세요! 여러분!
Nice to see you.   만나서 반갑습니다.
Anybody feels sick?   아픈 사람 있나요?
Good.   좋습니다.
Today, we will learn arm movements.
     오늘은 팔 동작에 대해 배울 것입니다.
Let's try to move Hansam for making big movement.
     큰 동작을 만들기 위해서 한삼을 움직여 봅시다.

Warm up

Let's do Didim slowly.   천천히 디딤을 합시다.
Let's do Didim slowly with your partner.
     파트너와 함께 천천히 디딤을 합시다.
Let's do Didim fast.   빨리 디딤을 합시다.
Let's do Didim fast with your partner.
     파트너와 함께 빨리 디딤을 합시다.

Development Practice together 2

(4) Circling Once

- Stand with Gimajasea and raise your arms with Hansam to shoulder height.

  기마자세로 서서 한삼을 낀 양팔을 어깨높이로 올립니다.

- 2 Counts: Put your right arm over your head circling clockwise once, raise your left arm to shoulder height, lift your right knee, and hop your left leg at the same time. Return to the first stance.

  오른팔을 머리 위로 올려서 시계방향으로 한 번 돌리고, 왼팔은 어깨 높이로 들며, 동시에 오른쪽 무릎을 들고, 왼발로 뛰어 오릅니다. 처음 자세로 돌아옵니다.

- 2 Counts: Put your left arm over your head circling counterclockwise once, raise your right arm to shoulder height, lift your left knee, and hop your right leg at the same time. Return to the first stance.

  왼팔을 머리 위로 올려서 시계반대방향으로 한 번 돌리고, 오른팔은 어깨 높이로 들며, 동시에 왼쪽 무릎을 들고, 오른발로 뛰어 오릅니다. 처음 자세로 돌아옵니다.)

(5) Circling Twice

- Stand with Gimajasea and raise your arms with Hansam to shoulder height.

  기마자세로 서서 한삼을 낀 양팔을 어깨높이로 올립니다.

- 4 Counts: Put your right arm over your head circling clockwise once, counterclockwise once more, and lower the height of the shoulder; raise your left arm to shoulder height; lift your right knee, hop your left leg twice at the same time, and put your right foot on the floor. Return to the first stance.

오른팔을 머리 위로 올려서 시계방향으로 한 번, 시계반대방향으로 한 번 더 돌린 후 어깨 높이로 내립니다. 왼팔은 계속 어깨 높이로 들고 있으며, 동시에 오른쪽 무릎을 들고, 왼발로 두 번 뛰어 올랐다가 오른발이 바닥에 내려놓은 후 처음 자세로 돌아옵니다.

- 4 Counts: Put your left arm over your head circling clockwise once, counterclockwise once more, and lower the height of the shoulder; raise your right arm to shoulder height; lift your left knee, hop your right leg twice at the same time, and put your left foot on the floor. Return to the first stance.

왼팔을 머리 위로 올려서 시계방향으로 한 번, 시계반대방향으로 한 번 더 돌린 후 어깨 높이로 내립니다. 오른팔은 계속 어깨 높이로 들고 있으며, 동시에 왼쪽 무릎을 들고, 오른발로 두 번 뛰어 올랐다가 왼발이 바닥에 내려놓은 후 처음 자세로 돌아옵니다.

(6) Circling Both Arms

- Stand with Gimajasea and raise your arms with Hansam to shoulder height.

기마자세로 서서 한삼을 낀 양팔을 어깨높이로 올립니다.

- 4 Counts: Put your both arms over your head, circling your right arm counterclockwise once and clockwise once more, your left arm clockwise once and counterclockwise once more, and then lower to shoulder height at the same time; lift your right knee, hop your left leg twice, and put your right foot on the floor. Return to the first stance.

동시에 양 팔을 머리 위로 올려서 오른팔은 시계반대방향으로 한 번, 시계방향으로 한 번 더, 왼팔은 시계방향으로 한 번, 시계반대방향으로 한 번 더 돌린 후 어깨 높이로 내립니다. 오른쪽 무릎을 들고, 왼쪽 다리로 두 번 뛰어 올랐다가 오른발을 바닥에 내려놓은 후 처음 자세로 돌아옵니다.

- 4 Counts: Put your both arms over your head, circling your right arm counterclockwise once and clockwise once more, your left arm clockwise once and counterclockwise once more, and then lower to shoulder height at the same time; lift your left knee, hop your right leg twice, and put your left foot on the floor. Return to the first stance.

동시에 양 팔을 머리 위로 올려서 오른팔은 시계반대방향으로 한 번, 시계방향으로 한 번 더, 왼팔은 시계방향으로 한 번, 시계반대방향으로 한 번 더 돌린 후 어깨 높이로 내립니다. 왼쪽 무릎을 들고, 오른쪽 다리로 두 번 뛰어 올랐다가 왼발을 바닥에 내려놓은 후 처음 자세로 돌아옵니다.

Let's practice with a partner.   파트너와 함께 연습해 봅시다.
Let's meet your partner and face to each other.
    파트너를 만나서 마주 보고 섭니다.
Think about the direction.   방향을 생각해 봅시다.
You have to be in the opposite direction like mirroring.
    거울처럼 반대 방향으로 해야 합니다.

Practice

Now, we can move and say with our partner.
    이제 파트너와 함께 이야기하면서 움직여봅시다.

I can do Circling Once.   나는 한 번 돌리기를 할 수 있습니다.
I can do Circling twice.   나는 두 번 돌리기를 할 수 있습니다.
I can do Circling Both Arms.   나는 양 팔 돌리기를 할 수 있습니다.

| Dance | Lesson 3. Korean Dance(Tal-Chum)

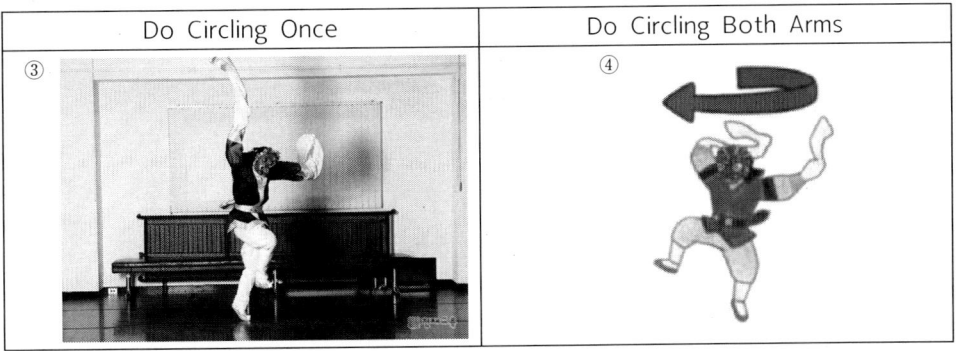

 **Check**

Cool Down

Let's have a sit. 앉아 봅시다.
Let's practice Circling Once without Hansam.
한삼없이 한 번 돌리기를 연습해 봅시다.
Let's practice Circling Twice without Hansam.
한삼없이 두 번 돌리기를 연습해 봅시다.
Let's practice Circling Both Arms without Hansam.
한삼없이 양 팔 돌리기를 연습해 봅시다.

Talk about myself

Let's think about Tal-Chum. 탈춤에 대해서 생각해봅시다.
Can I circle arms with Hansam? 나는 한삼을 끼고 팔을 돌릴 수 있나요?
Can I dance Tal-Chum? 나는 탈춤을 출 수 있나요?

English for Physical Activity

Grade :   Name :

Check list	Yes	No
• I can do Circling Once.		
• I can do Circling Twice.		
• I can do Circling Both Arms.		
• I can dance Tal-Chum.		

｜ Dance ｜ Lesson 3. Korean Dance(Tal-Chum)

3rd Period 3/3

❖ **Introduction** ········ ■ Warm up(5′)
❖ **Development** ········ ■ Practice together 3(18′)
❖ **Consolidation** ········ ■ Closing(5′)

Introduction

Presentation

Hello! Everyone! 안녕하세요! 여러분!
How are you? 어떤가요!
Very Good. 좋습니다.
Today, we will dance Tal-Chum actively with a small group of 3-4 people.
오늘은 3-4명으로 구성된 작은 모둠으로 탈춤을 적극적으로 출 것입니다.

Warm up

Let's try Didim with a partner. 파트너와 함께 디딤을 해 봅시다.
Let's meet your partner and face to each other.

English for Physical Activity

파트너를 만나서 마주 보고 섭니다.
One person goes forward and the other person goes forward.
한 사람은 앞으로 가고, 다른 사람을 뒤로 갑니다.
Let's do Didim with your partner slowly in different directions.
파트너와 함께 다른 방향으로 천천히 디딤을 해 봅시다.

Development Practice together 3

Let's try Falling and Rising Head.   머리 내리고 올리기를 연습해 봅시다.
Let's try Lifting Knee.   무릎 들기를 연습해 봅시다.
Let's try Bull Step.   황소걸음을 연습해 봅시다.
Let's practice Circling Once.   한 번 돌리기를 연습해 봅시다.
Let's practice Circling Twice.   두 번 돌리기를 연습해 봅시다.
Let's practice Circling Both Arms.   양 팔 돌리기를 연습해 봅시다.

Let's make a group with 3-4 people.
3-4명의 작은 모둠을 만들어 봅시다.
Let's take 3 kinds of movements and practice.
3가지 춤사위를 골라서 연습해 봅시다.
Let's present Tal-Chum to other groups.   다른 모둠 앞에서 발표합니다.

Let's change a formation.   대형을 변화시켜 봅시다.
Let's take one formation of -, =, I, II, V, X, O, W.
-, =, I, II, V, X, O, W 대형 중에서 하나를 골라봅시다.
Let's dance Tal-Chum on that formation.   대형으로 서서 탈춤을 춥시다.
Let's take two formations.   두 개의 대형을 골라봅시다.
Let's dance Tal-Chum on one formation and move to the other formation.   하나의 대형에서 다른 대형으로 움직이면서 탈춤을 춥시다.
Let's present Tal-Chum to other groups.   다른 모둠 앞에서 발표합니다.

Dance | Lesson 3. Korean Dance(Tal-Chum)

Practice

Now, we can move and say with our partner.

이제 파트너와 함께 이야기하면서 움직여봅시다.

I can dance Tal-Chum by myself.   나는 탈춤을 출 수 있습니다.

I can dance Tal-Chum with my group.

나는 모둠으로 탈춤을 출 수 있습니다.

I can dance Tal-Chum in changing formations.

나는 대형을 바꾸면서 탈춤을 출 수 있습니다.

I can enjoy dancing.   나는 춤추는 것을 즐길 수 있습니다.

English for Physical Activity

Consolidation Closing

Cool Down

Let's do Didim.　　　　　　　　　　　　　　디딤을 해봅시다.
Let's do Didim with your partner.　　　　　파트너와 함께 디딤을 해봅시다.
Let's do Didim with your group.　　　　　　모둠으로 디딤을 해봅시다.

Talk about myself

Let's think about Tal-Chum.　　　　　　　　탈춤에 대해서 생각해봅시다.
Can I dance Tal-chum?　　　　　　　　　　나는 탈춤을 출 수 있나요?
Can I enjoy dancing?　　　　　　　　　　　나는 춤추는 것을 즐길 수 있나요?

Grade :　　　　Name :

Check list	Yes	No
• I can dance Tal-Chum by myself.		
• I can dance Tal-Chum with my group.		
• I can dance Tal-Chum in changing formations.		
• I can enjoy dancing.		

| Dance | Lesson 3. Korean Dance(Tal-Chum)

① http://folkency.nfm.go.kr/sesi/dicPrint.jsp?DIC_ID=1131&xslUrl=dicPrint_Pop.jsp&printYN=Y

② http://koc.chunjae.co.kr/Dic/dicDetail.do?idx=35455

③ http://koc.chunjae.co.kr/Dic/dicDetail.do?idx=35556

④ http://koc.chunjae.co.kr/Dic/dicDetail.do?idx=5317

⑤ http://blog.daum.net/jjk404/311

⑥ http://blog.daum.net/_blog/BlogTypeView.do?blogid=0Be0j&articleno=9410077&categoryId=7&regdt=20120325225655

⑦ http://joongdoilbo.co.kr/jsp/article/article_print.jsp?pq=201102220185

⑧ http://www.doopedia.co.kr/photobox/comm/community.do?_method=view&GAL_IDX=131117000890822&GAL_TYPE_CD=03

⑨ https://www.maskdance.com:453/coding/sub5/sub5.asp?bseq=5&yflag=2011&cat=-1&sk=&sv=&yy=&page=5&mode=view&aseq=2678#.WHmyz_LauUk

Golf

Lesson 01   Golf

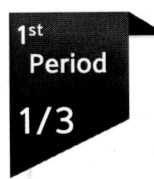

1st Period 1/3

- **Introduction** ······ ■ Warm up(6′)
- **Development** ······ ■ Look and listen(6′) → Practice together 1(15′)
- **Consolidation** ······ ■ Speak about us(5′) → Closing(5′)

Introduction

Hello, class?

How are you today? Good to see you again.

 Warm up

What is she/he doing in the picture?

그림에서 무엇을 하고 있나요?

Yes, that's right. She/He is playing golf.

네. 맞아요. 골프를 치고 있어요.

Have you ever played golf before?

골프를 해 본 적이 있나요?

①    ②

183

여러분! 이 사진이 무슨 사진인지 아세요? 그래요 하나는 신지예 선수가 시합하고 우승 상금으로 달러 현찰을 받는 장면이고, 다른 하나는 타이거 우즈 아저씨가 멋지게 자기가 목표한 방향으로 공을 날려 보내는 장면이에요. 골프를 하면 이렇게 많은 돈도 벌 수 있고, 여러분의 몸을 보다 유연하게 만들기도 하고 하면 할수록 정말 멋있는 스포츠구나라고 느끼게 될 거에요.

골프는 18홀로 되어있어요. 각 홀마다 공을 치는 자리는 teeing ground라고 하고, 또 잔디를 아주 짧게 깍은 부분은 green이라고 해요. 골프에는 경기를 감상할 때 알아야 할 주요한 용어들이 있어요. 첫 번째는 Par라는 용어에요. 이 말은 골프 코스 설계자가 골프장을 설계할 때 골프를 매우 잘 치는 사람이 그 홀에 공을 넣기까지 몇 번에 걸쳐 공을 넣는가하는 숫자를 말하는 거예요. 18홀 경기 동안에 파3가 전반 9홀에 2번, 역시 후반 9홀에도 똑같이 2번 있으니까 도합 4번이 있어요. 파5도 전반2번, 후반 2번 하니까 모두 4번 있겠지요? 그리고 나머지는 다 파4에요. 골프장에서 정식 시합을 할 때는 14개까지만 골프 클럽을 가지고 다닐 수 있어요. 어떤 클럽을 사용하는가는 전적으로 개인의 기술 수준에 따라 달라져요. 그래서 어떠한 상황에서 어떠한 클럽으로 쳐야 한다는 규칙이 없어요. 클럽도 4가지 유형이 있는데 각가 irons, woods(이름과 달리 지금은 금속으로 만들어져 있는데 옛날에는 나무로 만들어져서 그렇게 이름을 지었대요), wedges, 그리고 putters가 있어요. 클럽의 종류와 관계없이 클럽은 grip, shaft, 그리고 head로 되어 있어요. 알아야할 용어들이 많지요?

Think together (Lesson

: 떠오르는 것을 마인드맵으로 간단히 그려보면서 배울 내용을 예상하기

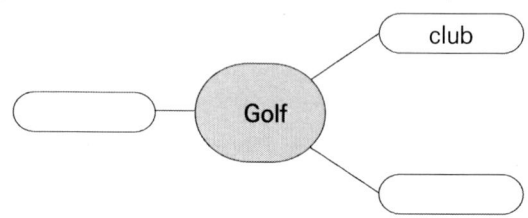

| Golf | Lesson 1.

When you think of 'Golf', what do you have in mind?
　　　　　　　　　　　　　　　　　골프를 생각하면 무엇이 떠오르나요?
Can anyone tell me about 'golf'?　누가 골프에 대해 말해 볼까요?
When we play golf you should know about golf club, stance, and grip.
　　　　　골프 경기를 하려면 드라이버와 자세, 그립에 대해 알아야 해요.

Object presentation

: 다 함께 오늘의 학습목표 확인하기.

그럼 오늘 무엇을 배울지 알아볼까요?
Let's read this together.　　　　　다 같이 따라 읽어 봅시다.
　- I can read the expressions about drivers in golf.
Today, we are going to practice about golf club and get a grip.
　　　　　　　　오늘은 골프의 드라이버 종류에 대해 알아볼 거예요.

Development Look and Listen

Introducing vocabulary and expressions

: 골프 관련 핵심 어휘와 표현 익히기

What are that in picture?　　　　　그림에 무엇이 있나요?
Right, they are drivers in golf.　　맞아요. 골프선수가 공을 치고 있죠.
Then, what did I say about the important factors for playing golf?
　　　　　　　그럼, 골프를 치기위해 필요한 것들에는 무엇이 있나요?
There are driver, stance, and grip.　드라이버와 자세, 그립이 있어요.
그럼 공을 tee에 올려놓고 치기 위해 어떤 드라이버를 사용하는지 알고 있나요?
Yes, We call it 'wood driver'.
　　　　　　　　　네, 우리는 이걸 공을 '우드드라이버'라고 해요.

English for Physical Activity

🎙 Let's look at picture cards we have.　　　다 같이 그림 카드를 봅시다.

좀 전에 배웠던 대로 골프클럽의 종류에 대해서 알아볼 거예요.

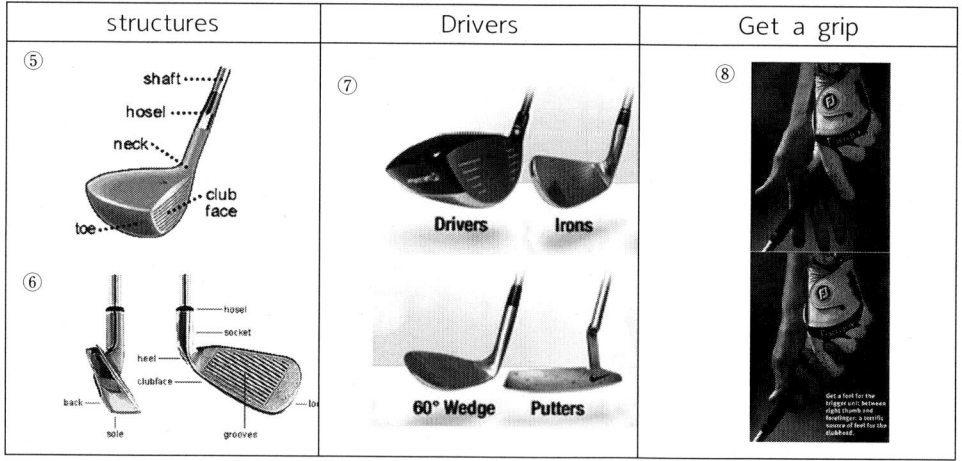

🎙 Who can read structures of golf club?

　　　　　　　　　　　누가 골프 클럽의 구조와 종류에 대해 읽어볼까요?

- Club head
- Shaft
- 우드(Wood), 아이언(Iron), 웨지(Wedge), 퍼터(Putter)

get a grip

이번엔 driver, iron, wedge 할 것 없이 퍼터를 제외한 모든 클럽을 잡는 요령에 대해서 알아보고 실제로 swing을 해 볼 거예요. 골프 손잡이를 잡는 것을 grip이라고 하는데 잡는 요령은 일반적으로 3가지에요.

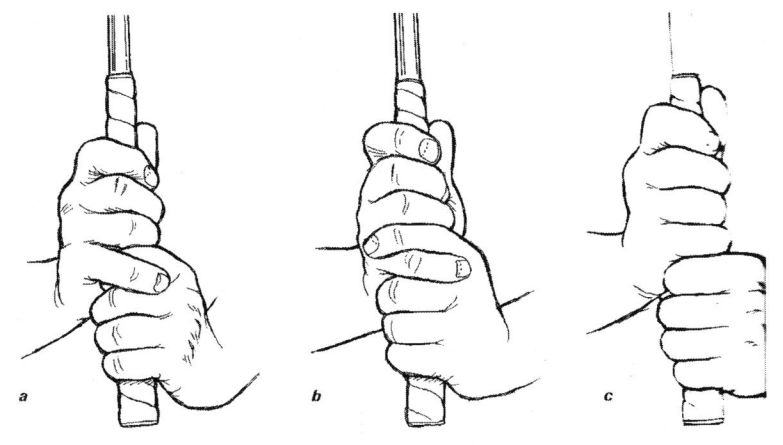

Figure 2.2 Grips: *(a)* overlap; *(b)* interlock; *(c)* 10-finger or baseball.

위의 그림에서도 보듯이 맨 처음 것은 overlap이라고 해요. 오른손의 약지가 왼손의 검지위로 올라 온 것을 볼 수 있지요? 그래서 '위에' 라는 뜻을 지닌 over라는 말을 사용하여 overlap이라는 말을 사용한 거예요. 손 하나가 다른 하나위에 올라가 겹친다는 말이지요. 두 번째는 interrock이라는 것인데요. 여기서 inter라는 말은 '...사이'라는 뜻을 가지고 있어요. 위 그림 2번째에서 보듯이 오른손의 약지와 왼손의 검지가 서로 사이에 끼어 있는 것을 볼 수 있지요? 그리고 마지막 세 번째의 방법은 야구 선수가 야구 방망이를 잡듯이 잡는 방법으로 10개의 손가락을 다 이용해서 잡는다고 하여 10-finger grip 또는 baseball grip이라고 하지요. 자! 클럽을 가지고 서로 짝이 되어 3가지 grip을 연습해 보세요. 배운 3가지의 grip방법을 입으로 되뇌며 실제로 해 보세요.

두 사람씩 짝을 지어 서로 서로 봐 주면서 시작해 보세요.
서로 서로 양손바닥이 마주보게 하세요(Turn your palms toward each other). 다음으로 클럽을 손바닥이 아닌 손가락으로 잡도록 하세요(Grip

the club primarily with the fingers, not the palms). 이때 항상 주의해야 할 것은 손바닥보다는 손가락으로 클럽을 잡는다는 것을 명심해야 해요 (Hold the club more in the fingers than in the palm). 왼손에서 엄지와 검지를 제외한 3개의 손가락과 오른손에서 엄지, 검지, 중지를 제외한 2개의 손가락이 골프 스윙을 하는데 가장 중요한 손가락이에요. 그리고 그립은 항상 가볍게 잡는 게 필요해요(use light grip pressure).

* 교사는 따로 10분 동안 시간을 주어 학생들끼리 자신들의 그립상태를 살펴보고 말로(영어포함) 표현해 보도록 한다.

※ 교사가 함께 읽어 준다.

Practice together 1

Practicing get a grip

: 배운 표현 중 골프 클럽에 대해 연습해 보기

Now, we are going to practice how to get a grip.

지금부터 그립 잡는 법에 대해 연습해 볼 거예요.

- Overlap

손을 겹쳐서 잡아요.

- Interrock
- 10-finger or baseball

Check Points
1. Turn your palms toward each other
2. Grip the club primarily with the fingers, not the palms

| Golf | Lesson 1.

Consolidation TALK Speak about us

Talking about myself.

: 자신이 잘 하는 것과 잘 하지 못하는 것을 확인하고 친구와 이야기 나누기

 Let's check what you have learned.　　　배운 것을 확인해 봅시다.
Check what you can do well or need to practice more.
　　　　　　　　　　　　　　　　　　잘 하는 것과 더 연습해야 하는 것을 확인해 보세요.
Let's compare it with your friends.　　그리고 친구와 비교해 보세요.
You can use these key expressions.　 이 표현들을 사용하도록 하세요.

Grade :　　　　　Name :

Check list	Awesome	OK	Needs Improvement
• I can speak about Golf club.			
• I can read about structures of golf club.			
• I can get a grip.			

Closing

Review / Introducing about next lesson

: 배운 표현 복습하고 다음 차시 예고

 How did you like the class?　　　오늘 수업 어땠나요?
Did you enjoy getting a grip?　　그립 잡는 것이 즐거웠나요?
오늘 배운 골프에 대해 정리해 볼까요?
There were golf club, structures of golf club and getting a grip.
　　　　　　　　　　　　　골프클럽과 구조 그리고 그립 잡는 법이 있어요
Let's review the expressions with the cards.
　　　　　　　　　　　　　　　카드로 표현들을 복습해 봅시다.

English for Physical Activity

Next class, we are going to learn about other techniques.

다음 시간에는 다른 기술들을 배워볼 거예요.

Cooling Down Activity
: 정리 운동 하기

Go together with a partner and stretch your legs.

짝을 찾아 다리 스트레칭을 하세요.

Shake your arms and legs.   팔과 다리를 흔들어 주세요.

| Golf | Lesson 1.

2nd Period 2/3

- ❖ **Introduction** ········ ▪ Warm up(5′)
- ❖ **Development** ········ ▪ Learn more(10′) → Practice together 2(20′)
- ❖ **Consolidation** ········ ▪ Closing(5′)

Introduction

🧑‍🏫 Hello, everybody. Happy to see you again. Are you good today? Very good.

Warm up

Review

: 1차시에 배운 내용 복습하기. 골프 관련 표현 몇 가지에 대해 그림과 단어를 사용해서 정리하기.

어린이 여러분 안녕하세요? 오늘은 골프 2번째 시간으로 골프 스윙을 하기 위해서 두 손으로 골프 손잡이를 어떻게 잡는지를 알아보고 실제 스윙 동작까지 해 볼 거예요. 재미있겠지요? 골프는 두 손으로 골프 클럽을 사용하여 공을 정확히 보내는 경기에요. 보통 course의 성격에 따라서 다르지만 파4 이상에서 처음 공을 칠 때는 driver를 가지고 시작하고 퍼터를 가지고 홀에 넣으면 마무리가 되는 거예요. 그래서 어느 홀이나 퍼터는 꼭 사용을 하기 때문에 가장 중요한 활동이에요.
그러면 지난 시간에 배운 내용을 다시 한 번 복습해 볼까요?

🧑‍🏫 Do you remember the expressions or words from last class?
지난 시간에 배운 표현이나 단어를 기억하나요?

Last time we learned about golf club and getting a grip
지난 시간에 우리는 골프클럽과 그립 잡는 법에 대해 배웠어요.

Very good.
좋아요.

English for Physical Activity

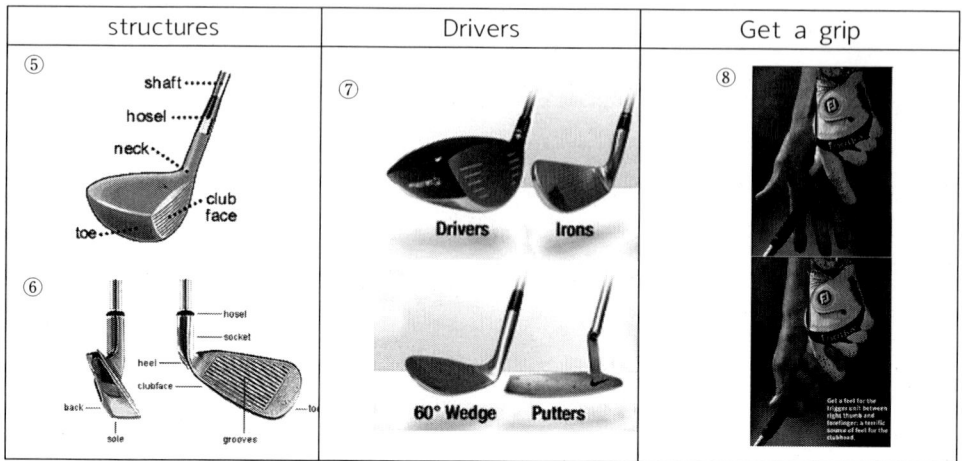

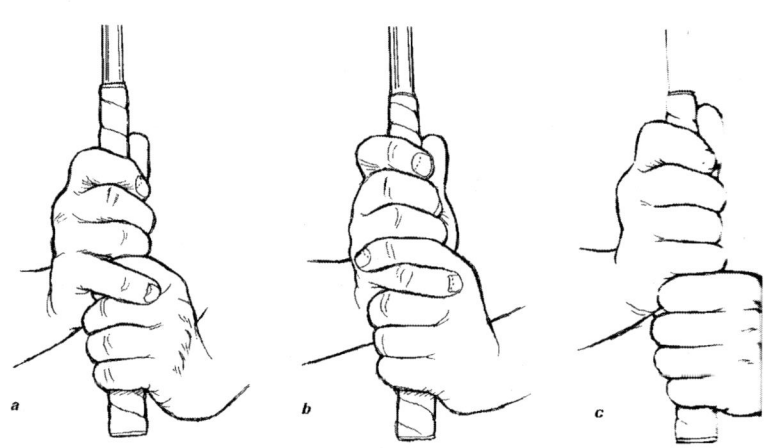

Figure 2.2 Grips: *(a)* overlap; *(b)* interlock; *(c)* 10-finger or baseball.

Object presentation

: 다 함께 오늘의 학습목표 확인하기.

🗣 오늘은 무엇을 배울까요?

Let's read this together.   다 함께 읽어 봅시다.

- I can say and do putter.

Today, we will practice putter. 오늘은 이 두 가지 패스를 연습해 볼 거예요

Golf | Lesson 1.

 **Learn more**

Introducing how to play putter

: 'chest pass'와 'bounce pass' 소개하기

T 자 그러면 putter부터 한번 시작해 볼까요?
turn the palms toward each other

먼저 손바닥을 서로 마주보게 가까이 붙이세요.

Square the putter head to the target line.

다음으로 퍼터를 목표라인과 일치하게 맞추세요.

여기서 square란 말은 '직각이 되게 맞추라'는 말이에요. 골프에서 square 라는 말이 자주 나오는데 거의 모두가 직각이 되게 맞추라는 뜻이니 잘 기억 하면 도움이 되겠지요? 이 용어는 수학에서도 잘 사용하는 용어에요. 이제 어깨와 힙도 목표 선에 직각이 되게 맞추세요. 여기서 어깨와 힙은 하나가 아니라 두짝이지요? 그러니까 단수가 아니라 복수를 써요. 그래서 square the shoulders and hips to the target line이라고 하는 거예요. 여기서 중요한 것은 발과 어깨의 너비를 적절히 맞추고 몸무게를 좌우 똑같이 배분 하라는 거예요.

T set feet shoulder-width apart and evenly distribute your weight

발과 어깨의 폭을 적당히 벌리고 무게를 좌우 공평히 배분하라.

T Eyes are over the ball 여러분의 눈이 볼의 위에 있어야 한다는 거예요 여기서 exert라는 말은 '압력을 가하다'라는 뜻이에요. 몇 가지의 단어들이 어른들에게도 어려운 단어인데 여러분은 너무 너무 잘하고 있어요. 그러면 퍼팅할 때의 주의 사항을 정리해 볼까요?

Turn the palms toward each other
Square the putter head to the target line
Square the shoulders and hips to the target line
set feet shoulder-width apart and evenly distribute your weight

Eyes are over the ball
Exert light grip pressure

그래요. 여러분은 너무너무 잘하고 있어요.

 Practice together 2

지금까지 퍼팅의 준비 자세만 했는데 실제 공을 한번 쳐보는 실습을 해볼까요?

🏃 Move the shoulders, arms, and hands as one unit

공을 칠 때 어깨, 팔, 그리고 손은 하나로 움직여야 해요.

여기서 unit는 '단일체'라는 말로 모든 골프 스윙이 거의 마찬가지인데 특히 퍼팅을 할 때는 이 동작이 매우 민감하게 작용하거든요.

🏃 Move the shoulders in a pendulum motion

어깨를 움직일 때는 마치 시계추처럼 진자 운동을 해야 한다

Putter head should come back along the target line

퍼터 헤드도 목표 라인을 따라 움직여야 한다

Keep the lower body still

하체가 절대 움직여서는 안돼요

다른 동작보다도 이 퍼팅 동작은 의외로 어려우니 많은 연습을 해봐야 해요. 그러면 실행 단계를 한번 정리해 볼까요?

🏃 Move the shoulders, arms, and hands as one unit
Move the shoulders in a pendulum motion
Putter head should come back along the target line
Keep the lower body still
Backswing and forward swing should be the same distance and tempo

Golf Lesson 1.

Consolidation  Closing

Review / Introducing about next lesson

: 배운 표현 복습하고 다음 차시 예고

- Let's review what we have learned today.
  오늘 배웠던 것을 복습해 봅시다.

네 아주 잘 했어요. 여러분! 다음 시간에는 골프 스윙에 대해서 알아보도록 해요. 수고하셨습니다.

Cooling Down Activity

: 정리 운동하기

- Make a Circle. 원을 만드세요.
  Shake ankles and kneejoints, hipjoint, shoulders and neck.
  발목과 무릎, 엉덩이(관절), 어깨, 목을 돌려주세요.
  Follow my order. 선생님의 구령을 따라서 해 주세요.

English for Physical Activity

3rd Period 3/3

❖ Introduction ······ ■ Warm up(5′)
❖ Development ····· ■ Read & Think(10′) → Play together(20′)
❖ Consolidation ···· ■ Closing(5′)

Introduction

🄣 Hello class. How do you feel today?
   Are you in great condition to play golf?

🏌 Warm up

Review

: 2차시에 배운 내용 복습하기

🄣 Last time we've learned about Putter. Did you get used to it?
　　　　　　　　　　　　　지난 시간에는 putter에 대해서 배워봤어요. 이제 익숙해 졌나요?
   Did we practiced?　　　　　　　　　　　　　　　　　연습했나요?

자! 어때요? 처음 시도하는 것이기 때문에 어려울 수 있어요. 골프는 두 손을 가지고 서로 협력하여 하는 경기에요. 우리가 신체 운동할 때는 신체 부위끼리 서로 협동하는 것을 coordination이라고 해요. 우리말로는 '협응'이라는 말을 사용하기도 해요. 일을 할 때 서로의 협력이 필요하듯이 우리가 운동할 때도 사람끼리의 협조뿐만 아니라 신체 부위끼리의 협조도 필요하답니다.

Object presentation

: 다 함께 오늘의 학습목표 확인하기

🄣 Let's read this together.　　　　　　　　　　　　　다 같이 읽어 봅시다.
   - I can swing with coordination of body.
   Today, we will learn swing.　　　　　　　　오늘은 swing에 대해서 배울 거예요.

196

Golf | Lesson 1.

 **Read & think**

Learning how to swing

: 그림 자료를 통해 swing 자세를 익히기

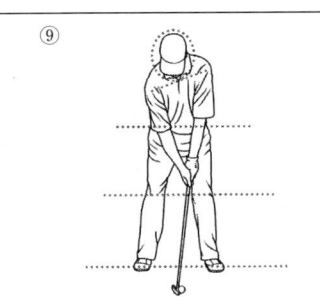

- Position the feet shoulder-width apart
- Evenly distribute your weight over both feet
- Align the thighs, hips, and Shoulders parallel with the target line
- Bend forward from the hips, keeping your back straight and your chin up
- Position the target-side shoulder slightly higher than the nontarget-side shoulder
- Let your arms hang comfortably and directly under the shoulders

Position the feet shoulder-width apart. 위의 그림처럼 우선 여러분의 발의 위치를 어깨 넓이만큼 벌리세요. Evenly distribute your weight over both feet, 그리고 양발에 체중을 똑같이 분배하시고, Align the thighs, hips, and Shoulders parallel with the target line. 허벅지, 힙, 어깨를 타깃라인과 평행으로 맞추세요. Bend forward from the hips, keeping your back straight and your chin up. 몸을 앞으로 구부리고 허리는 곧게 하고 턱은 올리세요. Position the target-side shoulder slightly higher than the nontarget-side shoulder. 이때 타깃 쪽의 어깨가 반대 방향의 어깨보다 약간 넓습니다. Let your arms hang comfortably and directly under the shoulders. 그리고 팔을 어깨 아래로 편안하게 떨어뜨리세요.

배운 부분을 친구와 함께 직접 해보고 반드시 소리 내서 익혀야 여러분의 친구들에게도 또 미국이나 영국에서 온 친구들에게도 골프를 가르칠 수 있어요. 시간을 가지고 말로 하면서 행동으로 직접 옮겨보세요.

English for Physical Activity

 Play together

> **Check with friends about swing**

T. With the pitching wedge, the ball should be in the middle of stance. 이때 볼의 위치를 살펴볼까요? 골프의 샤프트(shaft)길이가 짧을수록 볼의 위치는 스텐스의 중앙에 위치하는 거예요. With the 6-iron, the ball should be approximately 2 inches closer to the target than the middle of the stance. 이때 대개 7번 아이언까지는 볼이 보통 중앙에 위치하고 있어요. 그리고 6번 아이언부터는 중앙에서 2인치 정도 타깃 쪽으로 가죠. With the driver, the ball should be in the line with the target-side heel. 그리고 드라이버의 경우에는 타깃 쪽 발의 발뒤꿈치 선상에 볼을 놓아요. 지금 이야기한 볼의 위치는 여러분들이 골프를 하면 왜 그런지 자연스럽게 익히게 될 거예요. 다른 공부할 때와 마찬가지로 골프도 '왜'라는 질문과 함께 정신적으로 준비하는 것이 매우 중요한 스포츠에요.

친구와 함께 익혀보도록 할까요?

* 교사는 15-20분 동안 시간을 주고 학생의 행동뿐만 아니라 언어적으로도 서로 연습하는지를 체크하도록 한다.

T. 자! 다시 한군데로 모이세요. 자 어땠어요? 오늘 좀 힘들지 않았나요? 영어 표현도 어렵고 더군다나 한 번도 하지 않은 동작을 따라 하느라고 힘들었지요?

Consolidation **Closing**

> **Review / Introducing about next lesson**

: 배운 표현 복습하고 다음 차시 예고

T. Did you have fun?   재미있었나요?
   Look at what I'm doing again.   선생님이 어떻게 하는지 다시 한번 보세요.

※ swing 시범을 보여준다.
Can you swing?

다음 시간에는 오늘 우리가 한 동작을 직접 공을 가지고 실습을 해 볼 거예요.

오늘은 동작을 실제로 해보았는데 동작을 할 때마다 배운 표현을 입으로 중얼거려보고 나아가 내 목소리를 녹음도 해보고 비디오도 찍어 보세요. 참 재미있을 거예요.

Cooling Down Activity
: 정리 운동 하기

Let's Walk together slowly around this area.

함께 주변을 천천히 걸어 봅시다.

① http://bleacherreport.com/articles/1328583-lpga-jiyai-shin-defeats-paula-creamer-in-a-9-hole-playoff
② http://www.bunkersparadise.com/36954/lessons-rory-mcilroy-should-learn-from-tiger-woods/
③ http://cafe.naver.com/golflicense/26
④ https://www.golfperformancegroup.com/sequencing-swing-drill/
⑤ http://parkmj.tistory.com/208
⑥ http://www.mygolfmuseum.com/page86.html
⑦ http://www.mindgolf.net/781
⑧ http://www.golftoday.co.uk/proshop/features/get_a_grip.html
⑨ http://blog.daum.net/bestgolfer/5481307

Fork play

Lesson 1. **Let's play outside!**
Lesson 2. **Let's play inside.**

Lesson 01 Let's play outside!

1st 술래잡기 1/1

- ❖ Introduction .... ■ Warm up(8′)
- ❖ Development .... ■ Read & Say(10′) → Speak & Play(17′)
- ❖ Consolidation .... ■ Closing(5′)

Introduction

 Hello, class?
How are you today? Good to see you again.

Warm up

 What are they doing in the picture? 그림에서 무엇을 하고 있나요?
네. 맞아요. 술래잡기를 하고 있어요.
Have you ever played 술래잡기 game before?

술래잡기를 해 본 적이 있나요?

Can anyone tell me about '술래잡기'? 누가 술래잡기에 대해 말해 볼까요?
When did we play 술래잡기 game first? 술래잡기는 언제부터 했을까요?
술래잡기는 임진왜란 때 명의 원군을 청하는 밀사가 왜병을 재빨리 피하기 위해 연습한 것에서 유래되었다고 해요. 정말 오래된 놀이죠?

English for Physical Activity

T If you play 술래잡기, then you can run faster, move faster and get along with your friends.

술래잡기를 하면 빨리 달릴 수 있고, 빨리 움직일 수 있고, 친구와 어울릴 수 있어요.

How do you say '술래' in English? It's start with letter 't'.

술래를 영어로 뭐라고 하나요? t자로 시작해요.

We say 'tagger', but it's our traditional game. So, let's just call it '술래'. It's better.

'tagger'라고 해요. 하지만 이건 우리 전통 놀이에요. 그냥 '술래'라고 부르기로 해요. 그게 나아요.

Object presentation

: 다 함께 오늘의 학습목표 확인하기.

T 그럼 오늘 무엇을 배울까요?

Today, we are going to learn the expressions about 술래잡기 and play 술래잡기. 오늘은 술래잡기에 대한 표현을 배우고 술래잡기를 할 거에요.

Let's read this chorally. 다 같이 따라 읽어 봅시다.

- I can play 술래잡기 using the expressions about 술래집기.

 **Read & Say**

Learning how to play the game

: 읽기자료를 통해 술래잡기 하는 방법 이해하기

T To play 술래잡기, we should know how to play this.

술래잡기를 하려면 어떻게 해야 하는지 알아야 해요.

Now, I'm going to let you know how to play this.

이제, 어떻게 놀이하는지 알려줄게요.

| Folk Play | Lesson 1. Let's play outside!

Let's read these sentences about 술래잡기 game.

술래잡기 놀이의 규칙 관한 문장들을 읽어 봅시다.

Who can read this sentence card?   누가 이 문장 카드를 읽어 볼까요?

<Let's read!> Rules of 술래잡기 game.
Dodge the 술래. (술래를 피하세요.)
Keep looking at the 술래. (술래를 계속 보세요.)
Run away from him/her. (술래로부터 멀리 도망가세요.)
Do not go out this area. (여기를 벗어나지 마세요.)
When the 술래 touches you, you become a new 술래. (술래가 손을 대면, 새로운 술래가 됩니다.)

※ 너무 넓은 공간에서 술래잡기를 할 경우 게임 운영에 지장이 있으므로 미리 활동공간을 제한한다.

교사는 문장을 다시 읽어주면서 시범을 통해 규칙을 이해시켜 준다.

How about changing the rules?   규칙을 바꿔보는 건 어떨까요?
How can we change the rules?   어떻게 규칙을 바꿀 수 있을까요?
OK, then let's learn the expressions you will use.

그럼 사용할 표현을 배워봅시다.

Learning the expressions to play the game.

: 게임을 하기 위한 표현 배우기

Expressions		Pictures
Who is the 술래?	누가 술래야?	
I tagged you. Now you are the new 술래.	잡았다. 이번에는 네가 술래야.	
Dodge him/her.	술래를 피해.	
Run! Run away from him/her.	달려! 술래로부터 멀리 도망가!	
Catch me if you can.	잡을 수 있으면 잡아봐.	

English for Physical Activity

 Speak & Play

 Play together

: 그동안 익힌 표현을 사용하여 친구들과 실제 술래잡기 놀이 해보기

ⓣ Let's play 술래잡기 game together.　　다 같이 술래잡기 놀이를 해 봅시다.
　- I'm going to divide you into 2 groups.　　2 모둠으로 나눌게요.
　- Let's do luck of the draw first. Pick up 1 card each.
　　　　　　　　　　　　　　　　뽑기를 먼저 할게요. 카드를 1장씩 집으세요.
　If you pick up the shortest one, You will be the first '술래'. Who is '술래'?　　제일 짧은걸 뽑은 사람이 첫 번째 술래에요. 누가 술래죠?
　- Do you see the lines? Do not go out this area.
　　　　　　　　　　　　　　　　금이 보이나요? 이 지역을 벗어나지 마세요.
　- Let's play!

 ⓣ Let's check what you have learned.　　배운 것을 확인해 봅시다.

 Closing

 Review / Introducing about next lesson

: 배운 표현 복습하고 다음 차시 예고

ⓣ How did you like the class?　　오늘 수업 어땠나요?
　Did you enjoy playing 술래잡기 game?
　　　　　　　　　　　　　　　　술래잡기 놀이 하는 것이 즐거웠나요?
　오늘 배운 단어와 표현에 대해 정리해 볼까요?
　How do you say this action?　　이 동작은 뭐라고 하나요?

That's right. Touch and dodge. 맞아요. 손대기와 피하기라고 해요.

Let's review the expressions with the cards.

카드로 표현들을 복습해 봅시다.

Next class, we are going to learn another 민속놀이.

다음 시간에는 다른 민속놀이를 배워볼 거예요.

Cooling Down Activity

: 정리 운동 하기

Go together with a partner and stretch your legs.

짝을 찾아 다리 스트레칭을 하세요.

Shake your arms and legs. 팔과 다리를 흔들어 주세요.

English for Physical Activity

1st 사방치기 1/1

❖ Introduction ········ ■ Warm up(8′)
❖ Development ········ ■ Read & Say(10′) → Speak & Play(17′)
❖ Consolidation ········ ■ Closing(5′)

Introduction

🔊 Hello, class?
How are you today? Good to see you again.

 Warm up

🔊 Have you ever played 사방치기 game before?
　　　　　　　　　　　　　　　　　사방치기를 해 본 적이 있나요?
When do you usually play 사방치기?　사방치기를 주로 언제 하나요?
Are you good at playing '사방치기'?　사방치기 잘해요?

🔊 If you want to win a 사방치기 game, you should throw the small stone(or a marker) carefully, try not to step on the lines.
　　　사방치기 놀이에서 이기려면 작은 돌이나 마커를 조심해서 던져야 하고,
　　　　　　　　　　　　　　　　금을 밟지 않도록 해야 해요.
Do you know how to call this small stone or a market?
　　　　　　　　　　　이 작은 돌 또는 마커를 뭐라고 하는지 알아요?
We say '망', '마우' or '말'. But, today let's just call it a small stone.
　　　망, 마우 또는 말이라고 해요. 하지만 오늘은 그냥 작은 돌이라고 부르겠어요.

| Folk Play | Lesson 1. Let's play outside!

Object presentation

: 다 함께 오늘의 학습목표 확인하기.

 그럼 오늘 무엇을 배울까요?
Today, we are going to learn the expressions about 사방치기 game and play 사방치기 game.
　　　　　　　오늘은 사방치기 놀이에 대한 표현을 배우고 사방치기 놀이를 할 거에요.
Let's read this chorally.　　　　　　　다 같이 따라 읽어 봅시다.
- I can play 사방치기 game using the expressions about 사방치기 game.

 **Read & Say**

Learning how to play the game.

: 읽기자료를 통해 사방치기 하는 방법 이해하기

 To play 사방치기, we should know how to play this.
　　　　　　　사방치기를 하려면 어떻게 해야 하는지 알아야 해요.
Now, I'm going to let you know how to play this.
　　　　　　　이제, 어떻게 놀이하는지 알려줄게요.
Let's read these sentences about 사방치기 game.
　　　　　　　사방치기 놀이의 규칙 관한 문장들을 읽어 봅시다.
Who can read this sentence card?　　누가 이 문장 카드를 읽어 볼까요?

English for Physical Activity

	‹Let's read!› Rules of 사방치기 game.
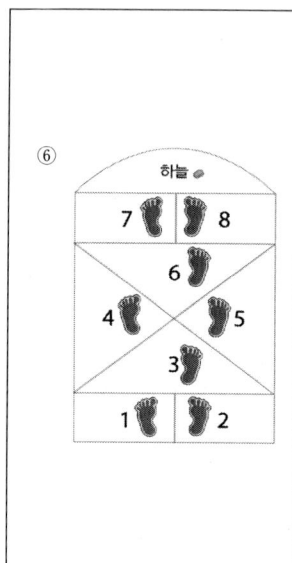	Toss the small stone, starting with 1.　1번부터 시작해서 돌을 던지세요.
	Jump forward, landing on one leg only at 3 and 6.　앞으로 점프해서 3번과 6번은 한 발로 디디세요.
	Do not land your leg on the area you tossed your stone.　돌을 던진 곳에는 발을 디디지 마세요.
	Get your stone and go back as you turn around at 7 and 8.　돌을 갖고 돌아 나오세요.
	If your stone touches the lines or outside-line out. You lose your turn.　돌이 금에 닿거나 밖으로 나가면 기회를 잃어요.
	If your foot touches the lines. Your lose your turn.　발이 금에 닿으면 기회를 잃어요.
	Finally, toss the stone into 하늘, and repeat the steps. You win.　마지막으로 하늘에 돌을 던지고 과정을 반복하면 이깁니다.

※ 교사는 그림을 통해 놀이 방법을 이해시키고, 문장을 다시 읽어주면서 시범을 통해 규칙을 이해시킨다.

 How about changing the stone?　돌을 바꿔보는 건 어떨까요?
　 Can we change the rules?　규칙을 바꿀 수 있을까요?
　 OK, then let's learn the expressions you will use.
　　　　　　　　　　　　　　　　　　그럼 사용할 표현을 배워봅시다.

Learning the expressions to play the game.
: 게임을 하기 위한 표현 배우기

Expressions		Pictures
It's my turn.	내 차례야.	
Toss your stone at 하늘.	네 돌을 하늘에 던져.	
You stepped on the line!	너 금 밟았어!	
Wow, you are doing really well.	와, 너 정말 잘한다.	
You lost your turn.	너 기회 잃었어.	

| Folk Play | Lesson 1. Let's play outside!

 Speak & Play

> Play together

: 그동안 익힌 표현을 사용하여 친구들과 실제 사방치기 놀이 해보기

🔊 Let's play 사방치기 game together.   다 같이 사방치기 놀이를 해 봅시다.

- I'm going to divide you into groups of 3.

  3명씩 한 모둠으로 나눌게요.

- Do rock, scissors, paper. And decide who will play first.

  가위바위보를 해서 누가 먼저 할 것인지 정하세요.

- Do not forget to use the expressions we learned.

  우리가 배운 표현 사용하는 거 잊지 마세요.

- Let's go!

 🔊 Let's check what you have learned.   배운 것을 확인해 봅시다.

 Closing

> Review / Introducing about next lesson

: 배운 표현 복습하고 다음 차시 예고

 How did you like the class?   오늘 수업 어땠나요?
Did you enjoy playing 사방치기 game?

  사방치기 놀이 하는 것이 즐거웠나요?

오늘 배운 단어와 표현에 대해 정리해 볼까요?
How do you say this action?   이 동작은 뭐라고 하나요?
선생님을 잘 보세요.
Am I doing right?   내가 올바르게 하고 있나요?

English for Physical Activity

Let's review the expressions with the cards.
카드로 표현들을 복습해 봅시다.

Next class, we are going to learn another 민속놀이.
다음 시간에는 다른 민속놀이를 배워볼 거예요.

Cooling Down Activity
: 정리 운동 하기

Go together with a partner and stretch your legs.
짝을 찾아 다리 스트레칭을 하세요.

Shake your arms and legs.
팔과 다리를 흔들어 주세요.

| Folk Play | Lesson 1. Let's play outside!

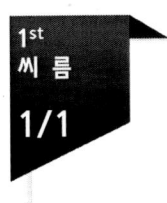

❖ **Introduction** ········ ■ Warm up(8′)
❖ **Development** ········ ■ Read & Say(10′) → Speak & Play(17′)
❖ **Consolidation** ········ ■ Closing(5′)

Introduction

📖 Hello, class?
How are you today? Good to see you again.

 Warm up

📖 Have you ever played 씨름 before?   씨름 해 본 적이 있나요?
Who played 씨름 with you?   누구랑 씨름을 해 봤나요?
When do you usually play 씨름?   씨름을 주로 언제 하나요?

📖 It is not that popular these days.   요즘에는 인기가 별로 없어요.
But, if you play 씨름, you can be stronger.
하지만 씨름을 하면 더 강해질 수 있어요.
Do you know how to say 씨름 in English?
씨름을 영어로 뭐라고 하는지 알아요?
We say 'Korean wrestling'.   'Korean wrestling'이라고 해요.

English for Physical Activity

▌▌ Object presentation

: 다 함께 오늘의 학습목표 확인하기.

🕮 그럼 오늘 무엇을 배울까요?

Today, we are going to learn the expressions about 씨름 and play 씨름.　　오늘은 씨름에 대한 표현을 배우고 씨름을 할 거에요.

Let's read this chorally.　　다 같이 따라 읽어 봅시다.

- I can play 씨름 using the expressions about 씨름.

Development　　**Read & Say**

▌▌ Learning how to play the game.

: 읽기자료를 통해 씨름 하는 방법 이해하기

🕮 To play 씨름, we should know the techniques.

　　씨름을 하려면 기술을 알아야 해요.

Now, I'm going to teach you some techniques.

　　이제, 씨름 기술들을 몇 가지 알려줄게요.

Let's read these sentences about 씨름. 씨름에 관한 문장들을 읽어 봅시다.

Do you know how to say '들배지기' in English?

　　들배지기를 영어로 뭐라고 하는지 알아요?

We say '들배지기', because this is our traditional game.

　　들배지기라고 해요. 우리 전통 놀이이니까요.

There are lots of ways to knock down your opponent.

　　상대방을 쓰러뜨리는 방법은 무척 많아요.

Today we are going to learn 6 techniques of 씨름.

　　오늘은 씨름의 6가지 기술을 배워볼 거에요.

| Folk Play | Lesson 1. Let's play outside!

※ 교사는 그림을 통해 기술을 이해시키고, 문장을 다시 읽어주면서 시범을 통해 규칙을 이해시킨다.

Do you understand the techniques? 기술들을 이해하나요?
Can we do those 6 techniques? 6가지 기술을 할 수 있나요?
You should practice a lot. 연습을 많이 해야 해요.
OK, then let's learn the expressions you will use.

그럼 사용할 표현을 배워봅시다.

Learning the expressions to play the game.

: 게임을 하기 위한 표현 배우기

215

English for Physical Activity

Expressions(응원을 할 때)		Pictures
Push him/her!	밀어!	
Pull him/her!	잡아당겨!	
Use 안다리걸기!	안다리걸기 해!	
Do not step backward!	뒤로 물러서지 마!	
Knock him/her down!	쓰러뜨려!	

 Speak & play

 Play together

: 그동안 익힌 표현을 사용하여 친구들과 실제 씨름경기 해보기

- Let's play 씨름 together. 다 같이 씨름을 해 봅시다.
  - I'm going to make pairs. 짝을 만들어줄 거예요.
  - Stand in the center of the area and bow each other.
  중앙에 서서 서로 인사하세요.
  - On your knee. Hold each other's 샅바.
  무릎을 꿇고 서로의 샅바를 잡으세요.
  - Stand up. 일어서세요.
  - When I whistle you start 씨름. 내가 호루라기를 불면 시작하세요.
  - Whoever falls down first loses. 누구든 넘어지는 먼저 사람이 집니다.

Consolidation   - Let's check what you have learned. 배운 것을 확인해 봅시다.

 **Closing**

 Review / Introducing about next lesson

: 배운 표현 복습하고 다음 차시 예고

| Folk Play | Lesson 1. Let's play outside!

How did you like the class? 오늘 수업 어땠나요?
Did you enjoy playing 씨름? 씨름 하는 것이 즐거웠나요?
오늘 배운 단어와 표현에 대해 정리해 볼까요?
How do you say this technique? 이 기술은 뭐라고 하나요?
선생님을 잘 보세요. Am I doing right? 내가 올바르게 하고 있나요?
Let's review the expressions with the cards.
카드로 표현들을 복습해 봅시다.
Next class, we are going to learn another 민속놀이.
다음 시간에는 다른 민속놀이를 배워볼 거예요.

Cooling Down Activity

: 정리 운동 하기

Go together with a partner and stretch your legs.
짝을 찾아 다리 스트레칭을 하세요.
Shake your arms and legs. 팔과 다리를 흔들어 주세요.

English for Physical Activity

1st 줄넘기 1/1

❖ Introduction ········ ■ Warm up(8′)
❖ Development ········ ■ Read & Say(15′) → Speak & Play(12′)
❖ Consolidation ········ ■ Closing(5′)

Introduction

 Hello, class?

How are you today? Good to see you again.

Warm up

 Have you ever heard this song before?

이 노래를 전에 들어본 적이 있나요?

"꼬마야 꼬마야 뒤를 돌아라
돌아서 돌아서 땅을 짚어라
짚어서 짚어서 만세를 불러라
불러서 불러서 잘- 가거라"

When do you sing this song?　　언제 이 노래를 하나요?

Hint! What are they doing in the picture?

힌트! 그림에서 아이들이 뭘 하나요?

That's right. We sing this song when we do jump rope with our friends.　　맞아요. 우리는 친구들과 함께 줄넘기를 할 때 이 노래를 불러요.

| Folk Play | Lesson 1. Let's play outside!

📢 You can do this during the lunch time with your friends.
여러분은 이걸 점심시간에 친구들과 할 수 있어요.

How do you say 줄넘기 in English? 줄넘기를 영어로 뭐라고 하나요?
You can say 'jump rope'. 'jump rope'라고 해요.
Doing jump rope make you faster and taller.
줄넘기를 하면 더 빨라지고 키도 커 질 수 있어요.
Today I will just call it '줄넘기'. 오늘은 그냥 줄넘기라고 하겠어요.

Object presentation

: 다 함께 오늘의 학습목표 확인하기.

📢 그럼 오늘 무엇을 배울까요?
Today, we are going to practice the 줄넘기 song and do jump rope as you sing the song.
오늘은 줄넘기 노래를 연습해 보고, 그 노래를 부르면서 줄넘기를 할 거에요.
Let's read this chorally. 다 같이 따라 읽어 봅시다.
- We can do 줄넘기 as we sing a 줄넘기 song.

Development

 Read & Say

Learning how to do 줄넘기.

📢 I'm going to model you how to do 줄넘기.
줄넘기를 어떻게 하는지 시범을 보여줄게요.
Can you sing? 노래 부를 수 있나요?
I'm turning around / touching the ground / raising my hands up.
난 돌고 있어요 / 땅을 짚고 있어요 / 손을 들고 있어요
Did you see what I was doing? 내가 하고 있는 것 봤나요?
Let's practice this in groups. 모둠에서 같이 연습해 봅시다.

English for Physical Activity

▌ Learning how to change the 줄넘기 song.

: 읽기자료를 통해 노래가사 바꾸는 방법 이해하기

🔊 Listen to my sample jump rope song.   내 줄넘기 노래를 들어보세요.

> "꼬마야 꼬마야 dance, dance!
> 꼬마야 꼬마야 run, run!
> 꼬마야 꼬마야 smile, smile!
> 꼬마야 꼬마야 sing, sing!
> ※ 6~8박자의 노래.

※ 교사는 예시 노래를 통해 학생을 이해시키고, 시범을 보이면서 이해를 돕는다. 실제 노래와 비슷하게 만드는 것이 어려우므로 챈트(박자) 형식으로 하도록 한다.
 - sing / dance / run / smile 등 다양한 action words(동사)를 활용하도록 한다.

Now can you change the 줄넘기 song?   이제 줄넘기 노래를 바꿀 수 있나요?
Let's try together.   다 같이 해봐요.

 Speak & Play

▌ Play together

: 만든 노래를 사용하여 친구들과 줄넘기 해보기

🔊 Let's do jump rope together.   다 같이 줄넘기를 해 봅시다.
   Present your jump rope song.   여러분의 줄넘기 노래를 발표해 봅시다.
   - Who will turn the rope?   누가 줄을 돌릴 건가요?
   - Enter one by one   한 명씩 들어가세요.
   - Jump to the rhythm.   리듬에 맞춰서 점프하세요.
   - Jump the rope until the song ends.   노래가 끝날 때까지 줄넘기 하세요.

| Folk Play | Lesson 1. Let's play outside!

Consolidation

- Let's check what you have learned.   배운 것을 확인해 봅시다.

Closing

Review / Introducing about next lesson

: 배운 표현 복습하고 다음 차시 예고

- How did you like the class?   오늘 수업 어땠나요?
  Did you enjoy doing 줄넘기?   줄넘기 하는 것이 즐거웠나요?
  Which group's song was the best?   어느 모둠의 노래가 가장 좋았나요?
  Let's review the expressions with the cards.
  　　　　　　　　　　　　　　　　　카드로 표현들을 복습해 봅시다.
  Next class, we are going to learn another 민속놀이.
  　　　　　　　　　　　　　　다음 시간에는 다른 민속놀이를 배워볼 거예요.

Cooling Down Activity

: 정리 운동 하기

- Go together with a partner and stretch your legs.
  　　　　　　　　　　　　　　　짝을 찾아 다리 스트레칭을 하세요.
  Shake your arms and legs.   팔과 다리를 흔들어 주세요.

Lesson 02 Let's play inside!

❖ **Introduction** ········ ■ Warm up(8′)
❖ **Development** ······ ■ Read & Say(10′) → Speak & Play(17′)
❖ **Consolidation** ····· ■ Closing(5′)

Introduction

📢 Hello, class?
How are you today? Good to see you again.

Warm up

📢 What are they doing in the picture?   그림에서 무엇을 하고 있나요?
네. 맞아요. 제기차기를 하고 있어요.
Have you ever played 제기차기 before?   제기차기를 해 본 적이 있나요?
Can anyone tell me about '제기차기' techniques?
                                            누가 제기차기 기술에 대해 말해 볼까요?
We usually play '제기차기' around the new year's day, but we can play it every day.   정월에 많이 하지만 매일 할 수도 있어요

⑨

｜Folk Play｜ Lesson 2. Let's play inside!

🗣 If you play 제기차기, then you can make your legs stronger.

　　　　　　　　　　　　　　제기차기를 하면 다리를 튼튼하게 할 수 있어요.

▌ Object presentation

: 다 함께 오늘의 학습목표 확인하기.

🗣 그럼 오늘 무엇을 배울까요?
　Today, we are going to learn the expressions about 제기차기 and play 제기차기.

　　　　　　　　　오늘은 제기차기에 대한 표현을 배우고 제기차기를 할 거에요.
　Let's read this chorally. 　　　　　　　　　다 같이 따라 읽어 봅시다.
　- I can play 제기차기 using the expressions about 제기차기.

 **Read & Say**

▌ Learning how to play the game.

: 읽기자료를 통해 제기차기 하는 방법 이해하기

🗣 To play 제기차기 game, we should know how to play this.
　　　　　　　　　　　제기차기를 하려면 어떻게 해야 하는지 알아야 해요.
　Now, I'm going to let you know how to play this.
　　　　　　　　　　　　　이제, 어떻게 놀이하는지 알려줄게요.
　Let's read these sentences about 제기차기 game.
　　　　　　　　　　　　놀이의 규칙 관한 문장들을 읽어 봅시다.

⑩ 	<Let's read!> Rules of 제기차기 game.	
	Count the kicks.	찬 횟수를 세어요.
	Change the kicking style.	차는 방법을 다르게 하세요.
	Total your team members' kicks.	모둠원이 찬 횟수를 더해요.

English for Physical Activity

※ 규칙이 간단하므로 제기 차는 방법에 관한 표현을 익히는데 시간을 더 할애한다.

🔊 It's really easy, isn't it? 너무 규칙이 쉽지 않나요?
OK, then let's learn the expressions and some 제기차기 ways you will use. 그럼 사용할 방법과 표현을 배워봅시다.
There are lots of 제기차기 ways. Today I will introduce 4 ways.
제가치기 방법은 많이 있어요. 오늘은 4가지 방법을 소개할게요.

- 맨제기 : After you kick 제기, your foot touches the ground.
  I can call this as "ground touching kick".
- 헐랭이 : Kick 제기 continuously without touching the ground.
- 양발차기 : Alternate your kick (taking turns left foot and right foot).
  You can kind 제기 using inside/outside kick.
- 동네제기 : Pass the 제기 to one another. (It's a team play.)

🔊 OK, then let's learn the expressions you will use.
그럼 사용할 표현을 배워봅시다.

Learning the expressions to play the game.
: 게임을 하기 위한 표현 배우기

Expressions(응원을 할 때)		Pictures
How many times did he/she kick?	쟤 몇 번 찼지?	
What's next?	다음은 뭐지?	
Your foot touched the ground.	네 다리 땅에 닿았어.	
You didn't use both legs.	너 양쪽다리 다 사용 안했어.	

Speak & Play

Play together

: 그동안 익힌 표현을 사용하여 친구들과 제기차기 놀이 해보기

- Let's play 제기차기 game together.   다 같이 제기차기 놀이를 해 봅시다.
  - I'm going to divide you into groups of 3.

    3명 한 모둠으로 나눌게요.

  - Decide what ways you will use and which team will kick first.

    어느 방법을 사용할지, 어느 팀이 먼저 찰지 결정하세요.

  - Count the kicks and total the group members' kicks.

    찬 횟수를 세고 나서 모둠원의 찬 횟수를 더하세요.

  - The group that kicks 제기 the most wins.

    많이 찬 모둠이 이깁니다.

- Let's think another way to kick 제기.

    다른 제기차기 방법에 대해 생각해 봅시다.

  Who can introduce your own 제기차기 way?

    누가 자기만의 제기차기 방법을 소개해 볼까요?

English for Physical Activity

Consolidation   Let's check what you have learned.   배운 것을 확인해 봅시다.

 **Closing**

Review / Introducing about next lesson

: 배운 표현 복습하고 다음 차시 예고

How did you like the class?   오늘 수업 어땠나요?
Did you enjoy playing 제기차기 game?
    제기차기 놀이 하는 것이 즐거웠나요?

오늘 배운 단어와 표현에 대해 정리해 볼까요?
How do you say this action?   이 동작은 뭐라고 하나요?
That's right. it's called ground touching kick,
    맨제기. (맞아요. 발을 땅에 대는, 맨제기라고 해요.)
Let's review the expressions with the cards.
    카드로 표현들을 복습해 봅시다.
Next class, we are going to learn another 민속놀이.
    다음 시간에는 다른 민속놀이를 배워볼 거예요.

Cooling Down Activity

: 정리 운동 하기

Go together with a partner and stretch your legs.
    짝을 찾아 다리 스트레칭을 하세요.

Shake your arms and legs.   팔과 다리를 흔들어 주세요.

| Folk Play | Lesson 2. Let's play inside!

❖ Introduction ········ ■ Warm up(8′)
❖ Development ······ ■ Read & Say(10′) → Speak & Play(17′)
❖ Consolidation ····· ■ Closing(5′)

Introduction

📢 Hello, class?
How are you today? Good to see you again.

 Warm up

📢 What are they doing in the picture?   그림에서 무엇을 하고 있나요?
네. 맞아요. 비석치기를 하고 있어요.
Have you ever played 비석치기 before?   제기차기를 해 본 적이 있나요?
Can anyone tell me what '비석' means?
                                          누가 비석이 무슨 뜻인지 말해 볼까요?
'비석' means 'flying stone'   비석은 나는 돌을 의미해요.
따라서 '비석'은 묘지 앞에 세워져 있는 돌이 아니랍니다. 알겠죠?

📢 These days, we usually use wood, because using a stone could be dangerous.
                    요즘에는 주로 나무를 사용해요. 왜냐하면 돌은 위험할 수 있거든요.

227

English for Physical Activity

So, we can play 비석치기 inside.

그래서 비석치기를 실내에서도 할 수 있어요.

▌ Object presentation

: 다 함께 오늘의 학습목표 확인하기.

t. 그럼 오늘 무엇을 배울까요?

Today, we are going to learn the expressions about 비석치기 and play 비석치기.   오늘은 비석치기에 대한 표현을 배우고 비석치기를 할 거에요.
Let's read this chorally.   다 같이 따라 읽어 봅시다.
- I can play 비석치기 using the expressions about 비석치기.

Development Read & Say

▌ Learning how to play the game.

: 읽기자료를 통해 비석치기 하는 방법 이해하기

t. To play 비석치기 game, we should know how to play this.

비석치기를 하려면 어떻게 해야 하는지 알아야 해요.

Now, I'm going to let you know the steps of 비석치기 game.

이제, 비석치기 놀이의 단계에 대해서 알려줄게요

There are lots of steps to play 비석치기 game, but today we will use 5 steps.

비석치기 놀이에는 여러 가지 단계가 있지만 오늘은 4단계를 이용할께요.

Let's read these sentences about the steps of 비석치기 game.

비석치기 놀이 단계에 관한 문장들을 읽어 봅시다.

\<Let's read!\> Rules of 비석치기 game.	
1. 막까기 - Stand behind the starting line. Hit your 비석 and knock down your opponent's 비석.	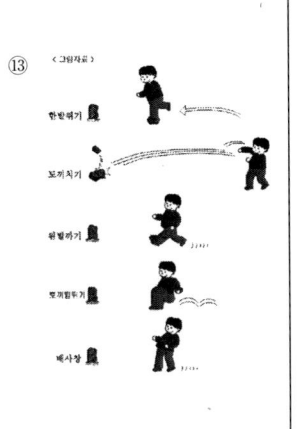 ⑬ 〈그림자료〉
2. 한발뛰기 - Toss your 비석 forward and Jump one step on the 비석 with one leg and down. Hit your 비석 at your opponent's 비석.	
3. 도둑발- Carry your 비석 on the top of the foot (left/right) and go right in font of the opponent's 비석. Kick your 비석 and hit your opponent's 비석.	
4. 오줌싸개 - Use your knees to be get jammed your 비석. Go straight to your opponent's 비석. Hit your 비석 and knock it down.	
5. 배사장- Carry the rock on your stomach and drop it on your opponent's 비석.	

※ 규칙은 간단하므로 비석치기 하는 방법에 관한 표현을 익히는데 시간을 더 할애한다.

 Do you understand what I explained?   내가 설명한 것들을 이해하나요?

Your can use your forehead, thigh and so on.

이마를 사용할 수도 있고, 허벅지를 사용할 수도 있어요.

OK, then let's learn the expressions you will use.

그럼 사용할 표현을 배워봅시다.

▌ Learning the expressions to play the game.

: 게임을 하기 위한 표현 배우기

Expressions(응원을 할 때)		Pictures
What's next?	다음은 뭐야?	
Put your 비석 on the top of your foot.	비석을 발등에 올려놔.	
You lost your turn.	네 차례를 잃었어.	
You start first.	네가 먼저 해.	

English for Physical Activity

 Speak & Play

▎ Play together

: 그동안 익힌 표현을 사용하여 친구들과 비석치기 놀이 해보기

 Let's play 비석치기 game together.

다 같이 비석치기 놀이를 해 봅시다.

- Let's make pairs. 　　　　　　　　　　　짝을 구하세요.
- Draw the two lines 5M away. 　　　5M거리를 두고 두 줄을 그리세요.
- Do rock, scissors, paper. The winner will start first.

가위바위보를 하세요. 이긴 사람이 먼저 합니다.

- Distract your opponent with funny gestures / expressions.

우스꽝스러운 표현이나 동작으로 상대방이 집중하지 못하게 하세요.

- If you pass all the steps, then you will win.

모든 단계를 다 통과하면 이깁니다.

 Let's think another way to play 비석치기.

다른 비석치기 방법에 대해 생각해 봅시다.

Who can introduce your own 비석치기 way?

누가 자기만의 비석치기 방법을 소개해 볼까요?

Consolidation　　Let's check what you have learned.　　배운 것을 확인해 봅시다.

 Closing

▎ Review / Introducing about next lesson

: 배운 표현 복습하고 다음 차시 예고

 How did you like the class?　　　　　오늘 수업 어땠나요?

Folk Play ▎Lesson 2. Let's play inside!

Did you enjoy playing 비석치기 game?

비석치기 놀이 하는 것이 즐거웠나요?

오늘 배운 단어와 표현에 대해 정리해 볼까요?

How do you say this action?　　　　　　이 동작은 뭐라고 하나요?

Let's review the expressions with the cards.

카드로 표현들을 복습해 봅시다.

Next class, we are going to learn another 민속놀이.

다음 시간에는 다른 민속놀이를 배워볼 거예요.

Cooling Down Activity

: 정리 운동 하기

Go together with a partner and stretch your legs.

짝을 찾아 다리 스트레칭을 하세요.

Shake your arms and legs.　　　　　　팔과 다리를 흔들어 주세요.

Image Source

① http://cafe.naver.com/smilleee/1344

② http://blog.naver.com/yooneill/220796093482

③ http://blog.naver.com/yooneill/220796093482

④ https://www.youtube.com/watch?v=sJakX9mBeRU

⑤ http://m.news.cne.go.kr/news/articleView.html?idxno=517237

⑥ http://blog.naver.com/PostView.nhn?blogId=iriscamping&logNo=20102161152

⑦ http://honamyg.com/bbs/board.php?bo_table=news&wr_id=170&page=2

⑧ https://ltc.inha.ac.kr/board_news/View.aspx?Seq=39454&CateNum=&PageNum=&SearchField=&Keyword=&SortExp=&SortDir=

⑨ http://if-blog.tistory.com/3113

⑩ http://ndfsk.dyndns.org/F6/060313-2/htm/24.htm

⑪ http://blog.daum.net/p105joseph/18081557

⑫ http://www.goodmorningcc.com/news/articleView.html?idxno=16048

⑬ http://blog.daum.net/lyn210725/59